《湖北省应急体系"十四五"规划》
解读

湖北省应急管理厅

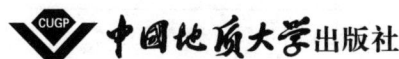

图书在版编目(CIP)数据

《湖北省应急体系"十四五"规划》解读/湖北省应急管理厅编写. —武汉：中国地质大学出版社,2022.3
ISBN 978-7-5625-5189-8

Ⅰ.①湖…
Ⅱ.①湖…
Ⅲ.①突发事件-公共管理-研究-湖北-2021-2025
Ⅳ.①D630.8

中国版本图书馆 CIP 数据核字(2022)第 044624 号

《湖北省应急体系"十四五"规划》解读 HUBEI SHENG YINGJI TIXI "SHISIWU" GUIHUA JIEDU		湖北省应急管理厅　编写	
责任编辑:谢媛华	封面设计:魏少雄		责任校对:何澍语

出版发行	中国地质大学出版社(武汉市洪山区鲁磨路388号)	邮政编码:430074
电　话	(027)67883511　传真:(027)67883580	E-mail:cbb@cug.edu.cn
经　销	全国新华书店	http://cugp.cug.edu.cn
开本	880毫米×1230毫米 1/32	字数:152千字　印张:5.25
版次	2022年3月第1版	印次:2022年3月第1次印刷
印刷	武汉市藉缘印刷厂	
ISBN 978-7-5625-5189-8		定价:58.00元

如有印装质量问题请与印刷厂联系调换

编写小组

组　长：闸源虹
成　员：程红星　万胜国　刘有清　李明华　王　超
　　　　郑俊俊　黄　洋　杨卫辉　杜　军　许永莉

序

应急管理是国家治理体系和治理能力的重要组成部分。习近平总书记指出，我国是世界上自然灾害最为严重的国家之一，灾害种类多，分布地域广，发生频率高，造成损失重，这是一个基本国情。同时，我国各类事故隐患和安全风险交织叠加、易发多发，影响公共安全的因素日益增多。加强应急管理体系和能力建设，既是一项紧迫任务，又是一项长期任务。

党和政府高度重视应急管理工作，特别是2003年非典之后，先后成立了国家减灾委员会，设立了国务院应急管理办公室，完善了国家减灾委员会、国务院安全生产委员会、国家防汛抗旱总指挥部、国家森林草原防灭火指挥部、国务院抗震救灾指挥部等议事协调机构的职能。2018年，国家应急管理部组建，把分散于各有关部门的应急资源和力量整合起来，着力构建统一指挥、权责一致、权威高效的应急管理体系，全面提升我国防灾减灾抗灾救灾能力。

2020年初，湖北人民面对突如其来的新冠肺炎疫情，在党中央、国务院的坚强领导下，在人民解放军、中央和国家部委、各省区市鼎力相助下，不畏艰险、顽强不屈，打赢了此次疫情防控的人民战争、总体战、阻击战。2020年3月10日，习近平总书记在湖北考察新冠肺炎疫情防控工作时指出，这次新冠肺炎疫情防控，是对治理体系和治理能力的一次大考，既有经验，也有教训。我们要放眼长远，总结经验教训，加快补齐治理体系的短板和弱项，为保障人民生命安全和身体健康筑牢制度防线。

湖北省在抗击新冠肺炎疫情过程中，积累了大量工作经验，形成了一些成熟的工作机制。在总结这些行之有效的经验和做法的基础上，为了进一步健全应急管理体系，补齐应急管理的短板和弱项，湖北省发布实施了《湖北省应急体系"十四五"规划》（简称《规划》）。《规划》以习近平新时代中国特色社会主义思想为指导，全面贯彻总体国家安全观，贯彻落实习近平总书记关于应急管理的重要论述和党中央、国务院重大决策部署，坚持人民至上、生命至上，统筹发展和安全，站位高、谋划远，目标明确、符合实际。《规划》的落地实施，将推动湖北省应急管理体系和能力现代化再上一个新的台阶。

  本书是对《规划》的深入解读，主要围绕"'十四五'湖北应急怎么干"这一问题，阐述各项任务"是什么"，提出具体工作应该"怎么做"，同时也说明了"为什么要这么做"。我相信，本书将会对广大读者学习、宣传、实施《规划》起到很好的指导作用，从事安全生产、防灾减灾救灾、应急救援等具体工作的人员也会从中获得裨益和启示。

中国工程院院士
清华大学公共安全研究院院长
2022 年 2 月 18 日

引 言

2019年,习近平总书记在主持中共中央政治局就我国应急管理体系和能力建设进行第十九次集体学习时强调,应急管理是国家治理体系和治理能力的重要组成部分,承担防范化解重大安全风险、及时应对处置各类灾害事故的重要职责,担负保护人民群众生命财产安全和维护社会稳定的重要使命。

习近平总书记高度重视规划编制工作,早在2014年考察北京时就指出,"规划科学是最大的效益,规划失误是最大的浪费"。2020年以来又作出5个方面的重要指示:编制和实施规划是党治国理政的重要方式,规划功能要突出贯彻落实新发展理念,规划编制要有高透明度和社会参与度,规划实施要坚持一张蓝图干到底,规划体制改革要加快统一规划体系建设。

2003年11月,湖北省安全生产监督管理局成立,先后主持编制了"十一五""十二五""十三五"3部安全生产规划,对统筹推进湖北省安全生产工作起到了巨大的推动作用。经过持续多年的努力,生产安全事故总量得以控制,死亡人数逐年下降,3个五年同比分别减少1062人、859人、653人,从"十五"期间的16 814人减少至"十三五"期间的7519人,为实现全省安全生产形势持续稳定好转打下了坚实基础。从"十一五"到"十三五"安全生产规划,再到"十四五"应急体系规划,规划始终引领湖北省安全生产与应急管理事业薪火相传、行稳致远。

为贯彻落实习近平总书记关于应急管理的重要指示批示、重要论述和党中央、国务院关于应急管理工作的决策部署,以及湖北省委、省政府的工作安排,根据《"十四五"国家应急体系规划》《湖北省国民经济和社会发展第十四个五年规划和二〇三五年远景目标纲要》等要求,湖北省应急管理厅牵头组织编制了《湖北省应急体系"十四五"规划》,经湖北省委、省政府主要领导签批,2021年11月2日由湖北省人民政府办公厅正式印发实施。

《规划》是湖北省人民政府重点专项规划,是湖北省应急管理厅组建以来主持编制的第一部五年规划。根据国家应急管理部的有关要求,《规划》以应对处置自然灾害、事故灾难两大类突发事件为出发点,以保障人民群众生命财产安全和维护社会稳定为重要使命,明确了未来五年湖北省应急体系建设的指导思想、基本原则和总体目标,聚焦安全生产、防灾减灾抗灾救灾、应急救援3个方面,明确了重点领域和主攻方向,提出了主要任务和重大工程,是落实《"十四五"国家应急体系规划》和《湖北省国民经济和社会发展第十四个五年规划和二〇三五年远景目标纲要》的具体体现,是优化湖北省应急资源要素配置的重要工具,也是推进"十四五"湖北省应急体系建设的重要指导性文件。

目　录

第一章　《规划》编制概况 …………………………………… 1
第一节　《规划》编制过程 ………………………………… 1
第二节　《规划》起草原则 ………………………………… 3
第三节　《规划》编制思路 ………………………………… 4
　　一、立足"一个定位" …………………………………… 4
　　二、聚焦"两类事件" …………………………………… 5
　　三、把握"三大趋势" …………………………………… 6
　　四、坚持"四个思维" …………………………………… 6
　　五、注重"五个治理" …………………………………… 8
　　六、贯穿"六个发展" …………………………………… 8
第四节　《规划》内容框架 ………………………………… 11
　　一、现状和形势 ………………………………………… 11
　　二、总体要求 …………………………………………… 12
　　三、主要任务 …………………………………………… 12
　　四、重点工程 …………………………………………… 13
　　五、保障措施 …………………………………………… 13

第二章　《规划》主要内容解读 ……………………………… 14
第一节　现状和形势 ………………………………………… 14
　　一、科学评价"十三五"期间应急体系建设取得的成效 … 14
　　二、充分认识"十四五"时期应急体系建设面临的形势 … 20
第二节　总体要求 …………………………………………… 21
　　一、"十四五"时期应急体系建设的指导思想 ………… 21

二、"十四五"时期应急体系建设主要目标指标 ………… 25
第三节 主要任务 ……………………………………… 33
一、深化体制机制改革,建立健全应急指挥体系 …… 33
二、加强法规标准建设,健全应急管理法治体系 …… 41
三、集聚创新发展要素,完善人才科技支撑体系 …… 45
四、强化采供储运管理,健全应急物资保障体系 …… 50
五、加强安全生产管理,提高防范化解重大风险能力 … 55
六、加强自然灾害防治,全面提升防灾减灾救灾能力 … 67
七、强化救援力量建设,提升灾害事故应急处置能力 … 75
八、加强基层基础建设,提升城乡社区基层应急能力 … 82
九、推进共建共治共享,打造全社会应急管理共同体 … 89
第四节 重点工程 ……………………………………… 101
一、应急救援基地建设工程 …………………………… 102
二、应急救援航空体系建设工程 ……………………… 103
三、应急物资保障能力提升工程 ……………………… 103
四、应急管理信息化建设工程 ………………………… 104
五、专业应急救援队伍建设工程 ……………………… 104
六、自然灾害防治能力建设工程 ……………………… 105
七、应急科普教育基地建设工程 ……………………… 105
八、"工业互联网＋安全生产"建设工程 …………… 105
九、应急装备现代化提升工程 ………………………… 106
十、城乡综合风险监测预警中心建设工程 …………… 106
第五节 保障措施 ……………………………………… 107
第三章 《规划》贯彻实施 ……………………………… 108
附 录 …………………………………………………… 110

第一章 《规划》编制概况

第一节 《规划》编制过程

2019年4月,湖北省应急管理厅正式启动《规划》编制工作。

一是专班推进。成立了规划编制领导小组及办公室,组建了规划工作专班,制定了《关于编制应急体系建设"十四五"规划的指导意见》和《湖北省应急体系建设"十四五"规划编制工作方案》,明确了《规划》编制的指导思想、基本原则、组织领导、主要内容、责任分工和进度安排等。

二是专题评估。对"十三五"期间国家和湖北省应急领域有关规划执行情况进行了认真总结和评估,编制了《湖北省"十三五"时期应急管理领域相关规划实施情况评估报告》和《湖北省"十三五"规划〈纲要〉应急领域相关工作评估报告》。

三是专项研究。完成了国家应急管理部和湖北省人民政府课题《"十四五"应急管理基础履职保障体系建设研究》《加强基层应急管理能力标准化建设的思考》《湖北省应急管理能力提升的对策措施》的研究;开展了《规划》前期5个重点课题和4个子课题的研究;设置了安全生产、防灾减灾、基层应急能力建设等多个专栏,围绕工作目标、重点任务、重大举措、重点工程进行了深入谋划。

表1-1 《规划》重点研究课题一览表

序号	重点课题名称	下达单位
1	"十四五"应急管理基础履职保障体系建设研究	国家应急管理部
2	加强基层应急管理能力标准化建设的思考	湖北省人民政府
3	湖北省应急管理能力提升的对策措施	湖北省发展和改革委员会
4	湖北省应急体系建设"十四五"规划思路和应急管理体制机制研究	湖北省应急管理厅
5	湖北省"十四五"重大灾害事故风险监测预警和安全生产预防控制体系创新研究	湖北省应急管理厅
6	湖北省"十四五"应急救援体系和力量建设研究	湖北省应急管理厅
7	湖北省"十四五"应急科技创新与应急产业研究	湖北省应急管理厅
8	湖北省"十四五"应急文化建设研究	湖北省应急管理厅

四是广泛调研。先后赴北京、四川、重庆、浙江、广东和湖北省内重点市(州)开展实地调研,面对面听取意见和建议,吸收借鉴省内外的先进经验。

五是问计于民。在湖北省应急管理厅网站上开设"我为'十四五'应急管理规划建言献策"民意征集窗口;开展应急体系建设"建言献策"、有奖征集"金点子"活动;广泛开展社会调查,覆盖湖北省17个市(州),获得有效样本数据1700份。

六是专家论证。多次邀请中央党校、清华大学、省委党校、中兴通讯、武汉大学、武汉理工大学、武汉科技大学、中国科学院武汉岩土力学研究所以及省直部门专家学者,就《规划》相关内容进行研讨,参与专家40余人、100余人次。

七是规划衔接。与国家应急体系规划多次衔接,争取将谋划的重大工程纳入国家规划,同时细化落实国家规划中的主要任务,并与省直部门专项规划充分对接,保持有关内容的一致性。《规划》编制工作实现了"四个纳入",得到了国家应急管理部的充分肯定:一是《规划》纳入湖北省人民政府重点专项规划;二是《规划》有关内容和工程纳入中共湖北省委"十四五"规划建议;三是《规划》有关工作纳入湖北省人民政府"十四五"规划纲要重点章节、重点内容;四是谋划的一批重大项目,纳入中共湖北省委、湖北省人民政府疫后重振补短板强功能"十大工程"之中。

第二节 《规划》起草原则

《规划》认真落实把握新发展阶段、贯彻新发展理念、服务构建新发展格局的要求,注重把握好4个原则。

一是立足两个视野。立足省情和放眼全国。切实把握"应急管理正处于开拓新局关键期、重塑提升创业期、风险防控攻坚期"这一判断,科学研判"时"与"势",辩证把握"危"与"机",坚持系统观念,注重继承创新,系统回答了未来五年"湖北应急在哪里""湖北应急怎么干"的问题。

二是履行两大职责。防范化解重大安全风险、及时应对处置各类灾害事故是应急管理部门的两大重要职责。既注重从源头上管控风险,坚持关口前移,加强风险辨识、隐患治理,提高本质安全水平,把问题解决在萌芽之时、成灾之前,又注重灾害事故发生后的处置应对,做好预案修订、监测预警、应急救援等准备,加强队伍建设,强化协同作战,配备高新装备,提升应急救援能力,构筑灾害事故的最后一道防线。

三是坚持两个导向。坚持目标导向和问题导向。始终把湖北省应急体系建设纳入国家应急体系建设发展战略,纳入湖北省"一主引领、两翼驱动、全域协同"的区域发展布局中考虑和谋划,把统筹发展和安全贯穿于《规划》全篇。同时,深入研究重大问题和主要矛盾,把握后疫情时代的重大变量,针对应急管理体制机制、体系建设、能力建设存在的短板和弱项来思考、来谋划,提出切实可行的办法和措施。

四是搞好两个协调。坚持战略性和操作性相协调,全面规划和突出重点相协调。既注重规划的宏观性、战略性、指导性,又突出约束力和可操作、能检查、易评估。吸收荆州基层应急能力建设、咸宁农村"大喇叭"工程等基层首创经验,借鉴外省经验,结合"十四五"发展趋势,谋划重点任务和重大工程项目。既着眼于全面推进应急体系建设,又突出重点领域和薄弱环节,注重防范化解重大风险,集中攻关提出可行的思路和务实的举措。

第三节 《规划》编制思路

《规划》立足"一个定位",聚焦"两类事件",把握"三大趋势",坚持"四个思维",注重"五个治理",贯穿"六个发展"。

一、立足"一个定位"

世界面临百年未有之大变局,我国发展处于机遇和挑战不断变化的重要战略机遇期。国家应急管理部党委书记、部长黄明指出,应急管理正处于开拓新局关键期、重塑提升创业期、风险防控攻坚期。未来五年,应急管理事业仍将处于重要的战略机遇期,并且是机遇远大于挑战。机遇稍纵即逝,机遇可遇不可求。出于这样的分析,立足这一定位,《规划》在"三个重大"的谋划上,除考虑经济条件,更多考虑的是能快则快、能强则强、能大则大。千方百计抢时间、抢机遇、抢要素、争政策,充分认识大变局带来的深刻影响和重大机遇,准确识变、科学应变、主动求变,保持战略定力,扎实办好自己的事,以自身发展的确定性应对外部环境的不确定性,加快推进应急管理体系和能力现代化。

二、聚焦"两类事件"

《中华人民共和国突发事件应对法》将突发事件分为四大类,即自然灾害、事故灾难、公共卫生事件和社会安全事件。按照国家应急管理部要求,"十四五"应急体系规划主要聚焦自然灾害和事故灾难两大类突发事件。

自然灾害主要包括:干旱、洪涝、台风、冰雹、沙尘暴等气象灾害;地震、山体滑坡、泥石流等地震地质灾害;风暴潮、海啸、赤潮等海洋灾害;森林草原火灾、农作物病虫害等生物灾害。事故灾难主要包括:铁路、公路、民航、水运等交通运输事故;工矿商贸等企业的生产安全事故;城市水、电、气、热等公共设施和设备事故;核与辐射事故;环境污染与生态破坏事件等。[①]

根据我国应急管理部门职能设定,暂不包括应对海洋灾害、生物灾害、核与辐射事故、环境污染与生态破坏事件。结合湖北省灾害事故实际,《规划》主要聚焦气象灾害、地震地质灾害、森林火灾等自然灾害和交通运输事故、生产安全事故、公共设施和设备事故等事故灾难。

---

① 王宏伟. 新时代应急管理通论[M]. 北京:应急管理出版社,2019:46-47.

三、把握"三大趋势"

一是把握应急管理事业即将步入发展快车道这一趋势。党中央、国务院把应急管理体系和能力建设摆在前所未有的高度,将统筹发展和安全作为"十四五"时期国民经济和社会发展的指导思想,应急管理即将迎来事业发展的快速增长期、跨越转型期和高质量发展期。二是把握经济全球化和工业化、城镇化加速发展这一趋势。经济社会进入到一个新的发展阶段,人流、物流、信息流加快,人口产业高度集聚,风险社会的特点更加凸显,风险交织叠加并跨域演化的几率加大。三是把握新一轮科技革命和产业变革加速演进这一趋势。卫星遥感、物联网、云计算、大数据、人工智能、区块链、5G等高科技手段深度集成应用,对于形成高度智能、自我进化、共享众创的应急管理信息化新生态,实现应急管理全面感知、动态监测、智能预警、扁平指挥、快速处置、精准监管、人性化服务等将会发挥越来越大的作用。

四、坚持"四个思维"

(1)坚持政治思维。全面贯彻落实习近平总书记关于应急管理的重要指示批示精神,坚持以防为主、防抗救相结合,坚持常态减灾和非常态救灾相统一,努力实现从注重灾后救助向注重灾前预防转变,从应对单一灾种向综合减灾转变,从减少灾害损失向减轻灾害风险转变,积极推进应急管理体系和能力现代化。立足习近平总书记赋予湖北的"建成支点、走在前列、谱写新篇"的目标定位和中共湖北省委、湖北省人民政府"一主引领、两翼驱动、全域协同"的区域发展布局,加快疫后重振和高质量发展,推进省域治理体系和治理能力现代化。

(2)坚持改革思维。应急管理部门组建以来,经过几年的探索实践,应急管理的体制机制基本形成,但还存在着应急指挥管理权威不够、体制不顺、沟通不畅、信息不通、工作职责不明确、主体责任不清晰,基层应急管理部门特别是乡镇一级无机构、无人员、无编制等深层次矛盾和问题。这些矛盾和问题不解决,将严重制约应急管理事业发展。《规划》坚持改革思维,向改革要动力、要红利、要活力,提出了改革完善应急指挥体制、议事协调机制,强化应急管理委员会对突发事件的统一领导、统一指挥,推动应急管理部门实行准军事化管理,完善基层应急管理机构设置和人员配置等一系列改革举措。

(3)坚持创新思维。一是制度创新。从规范安全生产、防灾减灾救灾、应急救援等应急管理工作实际出发,"十四五"期间着重推动出台一系列制度标准,夯实应急管理事业发展的制度基础。二是科技创新。支持高校、科研单位和企业争创国家应急管理部重点实验室,推动建设一批应急领域新型研发机构和科技创新平台,开展"六大关键技术"攻关。三是手段创新。加强前沿技术的融合应用,逐步建立健全风险感知网络体系、大数据支撑体系、业务应用体系三大体系,推动"工业互联网+安全生产""互联网+监管""互联网+执法",提升监测预警、远程指挥、现场处置、灾后恢复重建、监管执法、政务服务、辅助决策等全链条应急管理能力。

(4)坚持底线思维。《规划》强化底线思维和红线意识,从责任体系、风险防范、应急治理、应急处置、工程谋划各方面一体化设计,下好先手棋、打好主动仗。例如,在落实责任上,把安全生产、防灾减灾救灾、应急救援纳入地方各级党政领导干部政绩考核内容,督导企业法定代表人、实际控制人、主要负责人依法履行安全生产第一责任人职责;在安全风险防控上,推行安全风险分级管控和隐患排查治理双重预防机制,制定"禁限控"目录,严格安全准入,加快淘汰关闭不具备安全生产条件的煤矿和非煤矿山等。

五、注重"五个治理"

(1) 注重系统治理。从政府和社会两个层面推进应急体系建设,充分发挥政府主导作用,鼓励和支持社会多元主体共同参与应急管理工作,实现政府治理同社会调节、居民自治良性互动,构建全民共建共享的治理格局。

(2) 注重依法治理。完善应急管理法规制度,健全应急标准体系,严格安全生产执法,坚持运用法治思维和法治方式,提高应急管理的法治化、规范化水平。

(3) 注重综合治理。一是治标与治本相结合,在防范化解重大安全风险的同时,强化治本措施,提高企业的本质安全水平。二是开展专项整治与健全长效机制相结合,坚决遏制重特大安全事故。三是风险防范和工程治理相结合,全面提升自然灾害防治水平。

(4) 注重源头治理。坚持关口前移,从注重风险处置向注重风险防范转变,从注重减轻灾害损失向注重减少风险隐患转变,从注重应对单一风险向注重应对综合性、系统性、区域性风险转变,严防潜在的隐患变成现实的风险,严防现实的风险变成现实的危害,切实消除安全隐患,堵塞管理漏洞,筑牢安全防线。

(5) 注重精准治理。认真贯彻落实习近平总书记2019年在中共中央政治局第十九次集体学习上的重要讲话精神,以精准治理贯穿全篇,从监测预警、抢险救援、恢复重建、监管执法等多方面进行谋划。

六、贯穿"六个发展"

(1) 安全发展。始终将安全发展贯穿湖北省"建成支点、走在前列、谱写新篇"的全过程,助力"一主引领、两翼驱动、全域协同"

— 8 —

区域发展战略布局和乡村振兴战略实施,建设与之相匹配的应急管理体系,提升与之相匹配的应急管理能力,提供与之相匹配的安全发展环境。

(2)继承发展。继续坚持"属地管理、分级负责"的应急指挥机制,坚持重心下移,关口前移;在健全原有的"一案三制"(即应急预案、应急体制、应急机制、应急法制)应急管理体系的基础上,完善"党政同责、一岗双责、齐抓共管、失职追责"的应急管理责任体系;坚持和完善"分类管理、分级预警、平台共享、规范发布"的突发事件预警信息发布体系;坚持和完善安全宣传"五进"制度,提升全民安全素质;坚持和完善市场参与机制,推动形成政府、市场、社会共同参与、协同配合的工作格局等。

(3)创新发展。一是在继承中谋创新。例如,在应急指挥体系中,探索党政主要领导"双主任""双指挥长"制,探索建立现场指挥官制度和突发事件处置首席专家制度;健全"平急结合"应急联动机制,明确常态应急管理与非常态应急响应相互转换的条件、方式、程序并加强演练等。二是在实践中求创新。例如,逐步建立与经济社会发展水平相适应的自然灾害救助标准调整机制,探索成立地方应急产业基金等。三是引进吸收再创新。吸收省内外应急管理先进经验,提出开展以"一平台、一队、一库"(一个应急指挥平台、一支救援队伍、一个物资储备点)等为主要内容的乡镇(街道)应急管理能力标准化建设等。

(4)协调发展。一是加强区域协调发展。围绕国家长江经济带发展战略和湖北省"一主引领、两翼驱动、全域协同"的区域发展布局,建立联合指挥、灾情速报、资源共享等省际应急联动机制和省内"1+8城市圈""宜荆荆恩""襄十随神"区域协调联动机制,加强长江流域、汉江流域、三峡库区、武陵山区、大别山区、秦巴山区、幕阜山区等区域重大风险的联防联控。二是加强城乡协调发展。根据县域经济发展布局和灾害特点,在应急能力标准化建设、应急避难场所和科普教育基地布局及规模、救援队伍类别和人员装备配备等方面统筹谋划,推动城市安全和农村安全协调发展。三是加强力量协调发展。根据各地灾害事故特点来布局应急救援队伍,统筹建设和布局省、市、县、乡、村五级以及综合性、专业性、社会性三类应急救援队伍,确保队伍规模与灾害等级相匹配、专业能力与事故类型相匹配。

(5)融合发展。坚持以融合促发展,以发展促融合。一是规划融合。《规划》在编制过程中,注重与《"十四五"国家应急体系规划》《中共湖北省委关于制定全省国民经济和社会发展第十四个五年规划和二〇三五年远景目标的建议》《湖北省国民经济和社会发展第十四个五年规划和二〇三五年远景目标纲要》以及有关部门规划、市(州)应急规划等相融合,推动在制定政策、完善机制、落实责任上上下贯通、互促发展。二是资源融合。致力于实现应急、气象、地震、水利、自然资源、林业、公安、工信、住建、交通运输、文化旅游等部门灾害综合风险监测预警系统互联互通以及数据标准融合统一。三是经济建设和国防建设融合发展。建设以综合性消防救援队伍为主力,人民解放军、武警部队和民兵预备役部队为突击,专业救援队伍为骨干,社会救援队伍为辅助的应急救援力量体系,推动军地应急力量训练资源共享,提升军地联合应急救援水平。

(6)共享发展。习近平总书记指出,共享发展是人人享有、各得其所,不是少数人共享、一部分人共享。要完善共建共治共享的社会治理制度,实现政府治理同社会调节、居民自治良性互动,建设人人有责、人人尽责、人人享有的社会治理共同体。应急体系建设坚持"发展为了人民、发展依靠人民、发展成果由人民共享"的价值追求,打造全社会应急管理共同体,实现全民共享、全面共享、共建共享。

第四节 《规划》内容框架

《规划》分为 5 个部分：现状与形势、总体要求、主要任务、重点工程、保障措施，包括 9 项主要任务、6 个规划专栏、10 项重点工程、3 项保障措施，共计近 3 万字。

《规划》内容框架

- 现状和形势
- 总体要求
- 主要任务
- 重点工程
- 保障措施

图 1-1 规划内容框架示意图

一、现状和形势

《规划》从应急管理体系、应急管理基础、安全生产防控、自然灾害防治 4 个方面总结了"十三五"时期湖北省应急体系建设取得的成效；剖析了当前面临的 4 个方面的主要问题和挑战，一是灾害事故形势严峻复杂，二是风险交织叠加演化几率加大，三是应急体制机制有待健全完善，四是抵御重大风险能力亟待提升；研判了"十四五"时期应急体系建设发展面临的四大机遇，一是党委政府的高度重视为应急管理事业发展提供了坚强保障,二是体制机制改革的不断深化为应急管理事业发展注入了内生动力,三是抗击新冠肺炎疫情的成功实践为应急体系建设凝聚了社会共识,四是创新驱动发展战略的实施为应急管理事业跨越式发展提供了有力支撑。

二、总体要求

《规划》结合湖北省实际,提出了"12345"的指导思想,即打造一个"大应急"格局,构建横向、纵向两个维度的运行支撑,聚焦安全生产、防灾减灾抗灾救灾、应急救援三大板块,提高防范化解重大风险能力、防灾减灾救灾能力、灾害事故应急处置能力、城乡社区基层应急能力四大能力,健全应急指挥体系、应急管理法治体系、人才科技支撑体系、应急物资保障体系、共建共治共享体系五大体系。

《规划》提出了 2025 年将要实现的目标,并设置了 5 个分项目标。在指标设置上,与国家应急规划保持一致,提出了 6 项核心指标,其中约束性指标 3 项,预期性指标 3 项;安全生产类指标 3 项,防灾减灾类指标 3 项。

三、主要任务

《规划》按照建体系、提能力的总思路,重点从健全应急指挥体系、应急管理法治体系、人才科技支撑体系、应急物资保障体系、共建共治共享体系五大体系,提升防范化解重大风险能力、防灾减灾救灾能力、灾害事故应急处置能力、城乡社区基层应急能力四大能力方面,提出了九大任务 39 项子任务。

四、重点工程

《规划》按照打基础、管长远的总思路,提出了"十四五"时期应重点抓好的应急救援基地建设工程、应急救援航空体系建设工程、应急物资保障能力提升工程、应急管理信息化建设工程、专业应急救援队伍建设工程、自然灾害防治能力建设工程、应急科普教育基地建设工程、"工业互联网+安全生产"建设工程、应急装备现代化提升工程、城乡综合风险监测预警中心建设工程十大工程。

五、保障措施

《规划》从加强组织领导、经费保障、考核评估3个方面提出了保障《规划》落实落地的具体措施。

第二章 《规划》主要内容解读

第一节 现状和形势

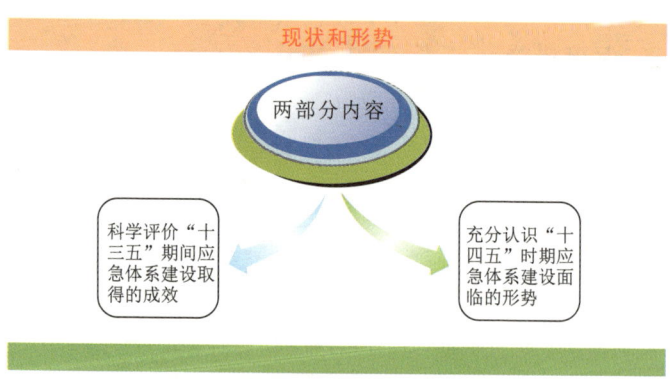

图 2-1 现状和形势内容示意图

一、科学评价"十三五"期间应急体系建设取得的成效

"十三五"期间,湖北省各地各部门认真贯彻落实习近平总书记关于应急管理重要指示批示、重要论述和视察湖北重要讲话精神,全面落实党中央、国务院决策部署,坚决防范化解重大安全风险,及时应对处置各类灾害事故,较好地完成了全省"十三五"应急管理领域相关规划提出的主要指标任务,实现了应急管理事业改革发展良好开局。主要表现在以下几个方面。

第二章 《规划》主要内容解读

(一)组织体系初步形成

2018年10月,经党中央、国务院批准,中共中央办公厅、国务院办公厅印发《湖北省机构改革方案》,将原湖北省安全生产监督管理局的职责、湖北省人民政府办公厅的应急管理职责、湖北省公安厅的消防管理职责、湖北省民政厅的救灾职责,相关部门的地质灾害防治、水旱灾害防治、森林防火、地震灾害应急救援相关职责,以及防汛抗旱、减灾、抗震救灾、森林防火指挥部的职责整合,组建湖北省应急管理厅,作为湖北省政府组成部门。2019年,湖北省突发事件应急管理委员会、安全生产委员会、减灾委员会、防汛抗旱指挥部、抗震救灾指挥部、森林防灭火指挥部相继成立或调整,湖北省应急管理厅同时承担6个议事协调机构办公室职能。

(二)制度体系逐步完善

安全生产方面。"十三五"期间,制定了《湖北省安全生产专业委员会工作规范(试行)》《关于在重点行业领域生产经营单位建立安全总监制度的通知》《湖北省推进城市安全发展的实施意见》《湖北省安全生产风险管控办法(试行)》等一系列制度文件。修订了《湖北省安全生产党政同责实施办法》《湖北省安全生产委员会成员单位安全生产工作职责》,会同中共湖北省委机构编制委员会出台了《关于加强和完善市县安全生产监管执法体系的意见》等。

防灾减灾方面。"十三五"期间,制定印发了《中共湖北省委、湖北省人民政府关于推进防灾减灾救灾体制机制改革的实施意见》《湖北省防范化解自然灾害领域重大风险工作方案》《湖北省提高自然灾害防治能力工作方案》等。

(三)基层应急队伍不断夯实

荆州、十堰、黄冈等地分别建立了乡镇(街道)应急管理机构。

其中,荆州市 2019 年率先出台《关于加强乡镇(街道)应急管理机构建设的意见》,全市 129 个乡镇(街道)均按照"有机构、有人员、有牌子、有印章、有独立办公场所、有工作经费"的"六有"标准建设了应急管理站,新增应急管理干部力量 578 人。

全省调整充实了灾害信息员队伍,截至 2020 年底,建立了省、市、县、乡、村五级灾害信息员数据库,人数达 3.8 万人。

(四)应急救援队伍不断壮大

完善应急救援协同联动机制,省级层面与相关单位签订应急救援合作协议和技术保障协议,与中部战区驻鄂部队、省军区建立军地联动机制,初步形成各种救援力量梯次互补格局。

截至 2020 年底,全省共有省级应急救援队伍 39 支,按照主要处置能力划分,承担安全生产应急救援队伍 15 支(危险化学品应急救援队伍 5 支、矿山事故应急救援队伍 10 支)、承担防汛应急救援队伍 10 支、承担地质灾害应急救援队伍 14 支。

全省作为独立法人登记的社会救援队伍共有 66 支,队员共有 807 人,志愿者 503 人。其中,可承担城市搜救任务的有 30 支,高空绳索救援任务的有 18 支,山地救援任务的有 23 支,水上搜救任务的有 34 支,潜水救援任务的有 16 支,医疗救助任务的有 20 支,后勤保障任务的有 29 支,其他救援任务的有 35 支。

(五)安全生产形势稳中向好

1. 事故总量显著下降

"十三五"期间,湖北省共发生各类生产安全事故 9634 起,其中 2020 年 1486 起,比 2015 年的 7203 起下降 79.4%。

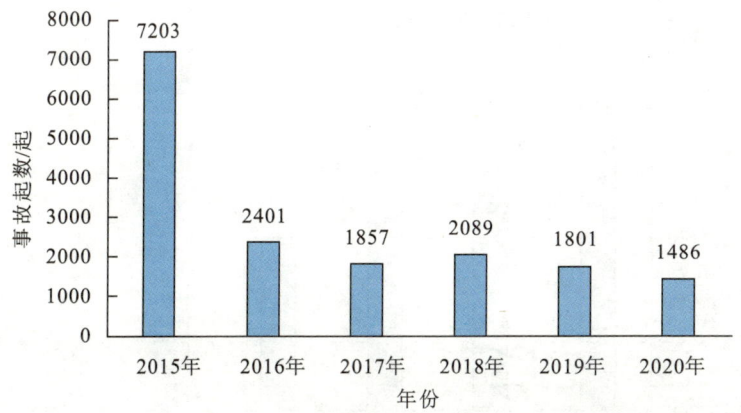

图 2-2 2015—2020 年湖北省各类生产安全事故起数对照图

2. 较大以上事故总量持续下降

湖北省"十一五"期间共发生重大事故 10 起、"十二五"期间 9 起、"十三五"期间 4 起(2016 年 3 起、2018 年 1 起),重大事故总起数呈连续下降趋势,未发生特别重大安全事故。

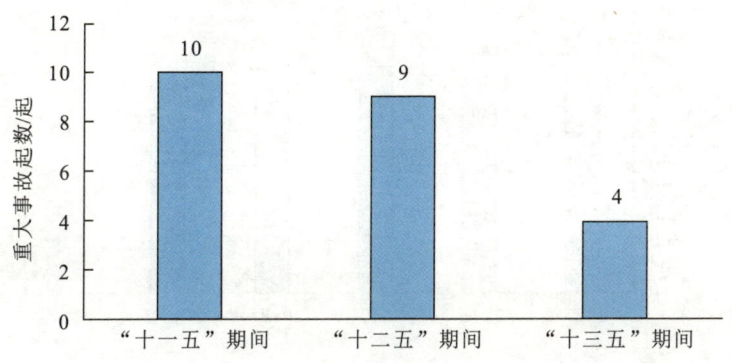

图 2-3 近三个五年湖北省重大事故起数对照图

"十三五"期间,湖北省共发生较大事故95起,其中2020年10起,比2015年的32起下降了68.8%。

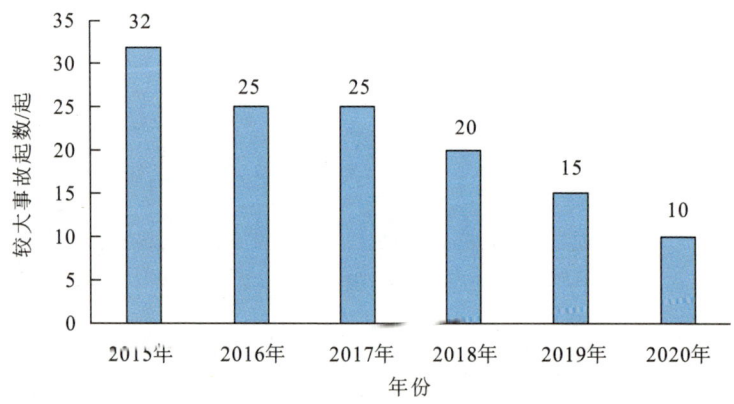

图2-4　2015—2020年湖北省较大事故起数对照图

3. 事故死亡人数稳定下降

"十三五"期间,湖北省各类事故造成死亡人数7519人,其中2020年1067人,比2015年的1720人下降了38.0%。

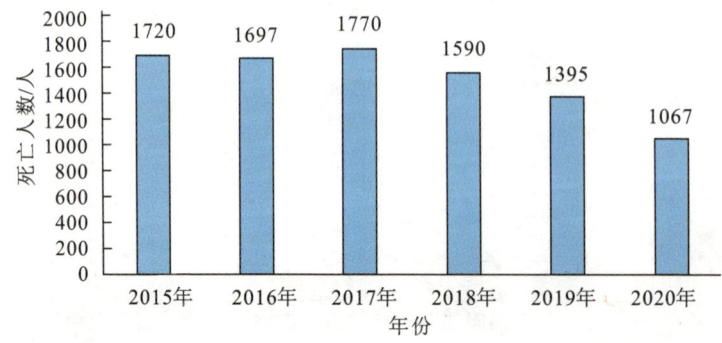

图2-5　2015—2020年湖北省各类事故死亡人数对照图

4. 亿元 GDP 事故死亡率持续下降

2020年,湖北省亿元 GDP 事故死亡率为 0.025,比 2015 年的 0.058 下降了 56.9%。

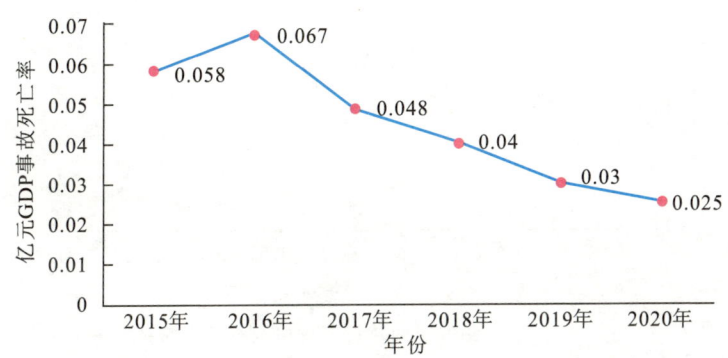

图 2-6　2015—2020 年湖北省亿元 GDP 事故死亡率对照图

(六)防灾减灾救灾成效明显

"十三五"期间,湖北省自然灾害受灾人口 7 474.4 万人次,因灾死亡失踪人口 272 人,紧急转移安置人口 239.1 万人次,倒塌房屋 10.2 万间,直接经济损失 1 447.81 亿元。与"十二五"期间相比,受灾人口下降 16.9%,年均每百万人口因自然灾害死亡率下降 0.73%。森林防灭火方面,与"十二五"期间相比,森林火灾起数下降 34.5%,火场总面积下降 46.9%,年均森林火灾受害率控制在国家下达的 0.9‰指标以内,未发生重大以上火灾事故。防汛抗旱方面,成功应对了 2020 年超长梅雨期(43 天)连续 9 轮强降水,确保了长江大堤和沿江大城市安全。地质灾害方面,与"十二五"末相比,伤亡人数下降 34.5%,直接经济损失下降 3.2%。有效处置了 2019 年"8·4"恩施躲避峡山洪和"8·6"十堰山体滑坡等多起自然灾害。"十三五"期间,共组织因灾倒损民房重建

3.36万户、修缮8.12万户、救助1 703.8万人次。

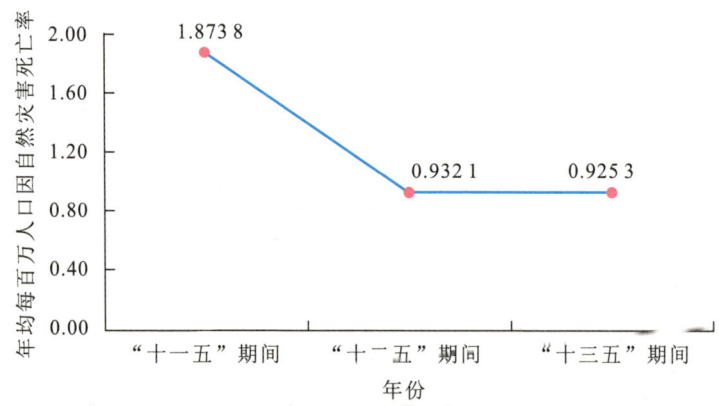

图2-7 近三个五年湖北省年均每百万人口因自然灾害死亡率对照图

二、充分认识"十四五"时期应急体系建设面临的形势

湖北省应急体系建设时间短、基础弱、底子薄,防范化解重大安全风险、有效应对各类灾害事故仍然面临诸多挑战。主要表现为:一是灾害事故形势严峻复杂。安全生产形势虽然总体平稳,但仍复杂多变。自然灾害防治压力大,特别是洪涝灾害、地质灾害、森林火灾风险突出,防汛任务更是居全国之首。二是风险交织叠加演化几率加大。城市化、工业化进程加快导致安全风险不断累积;极端天气气候事件及其次生衍生灾害呈增加趋势;新业态大量涌现,新的风险因素明显增多,多种风险耦合叠加可能引发社会风险。三是应急体制机制有待健全完善。突发事件应急管理委员会、安全生产委员会、减灾委员会以及防汛抗旱指挥部、抗震救灾指挥部、森林防灭火指挥部等"三委三部"整体联动机制尚未建立,成员单位职责有待厘清,指挥协调难度大,乡镇(街道)应急力量不足、能力不够、防控能力弱、保障不到位等问题突出。四是抵御重

大风险能力亟待提升。地方专业救援队伍和社会救援队伍普遍存在数量不足、能力不够、运行困难等问题；应急物资储备体系存在法规标准滞后、资金保障不力、供应渠道有限、储备品种单一等问题。

"十四五"时期是我国全面建成小康社会、实现第一个百年奋斗目标之后，乘势而上开启全面建设社会主义现代化国家新征程、向第二个百年奋斗目标进军的第一个五年。当前和今后一个时期，湖北省应急体系建设仍然处于重要战略机遇期。主要表现在党委政府的高度重视为应急管理事业发展提供了坚强保障，体制机制改革的不断深化为应急管理事业发展注入了内生动力，抗击新冠肺炎疫情的成功实践为应急体系建设凝聚了社会共识，创新驱动发展战略的实施为应急管理事业跨越式发展提供了有力支撑。

第二节 总体要求

一、"十四五"时期应急体系建设的指导思想

《规划》把立足新发展阶段、贯彻新发展理念、构建新发展格局作为指导思想，将之贯穿应急管理体系和能力现代化建设全过程和各领域，并作为确定目标任务、制定政策举措、部署重大任务、谋划重大工程的根本依据。

1. 做到"两个维护"

坚决维护习近平总书记党中央的核心、全党的核心地位，坚决维护党中央权威和集中统一领导，既是根本政治任务，也是根本政

治纪律和政治规矩,是牢固树立"四个意识"的集中体现。应急管理部门首先是政治部门,民心是最大的政治,事故防范、防灾减灾都关系到政治,一切工作都要体现在保卫人民安全、维护人民利益上,不断增强拥护核心、跟随核心、捍卫核心的政治自觉、思想自觉、行动自觉,提高政治定力和政治能力,把对党的忠诚体现在坚决贯彻党中央决策部署的行动上,体现在履职尽责、做好本职工作的实效上。

2. 胸怀"两个大局"

习近平总书记多次强调:"领导干部要胸怀两个大局,一个是中华民族伟大复兴的战略全局,一个是世界百年未有之大变局,这是我们谋划工作的基本出发点。"应急管理工作应该善于在危机中育先机、于变局中开新局,着眼于"两个大局",增强政治敏锐性和洞察力,不断提高政治判断力、政治领悟力、政治执行力,不断提高把握新发展阶段、贯彻新发展理念、构建新发展格局的政治能力、战略眼光、专业水平,敢于担当、善于作为,把党中央决策部署贯彻落实好,尽最大可能把安全生产、防灾减灾等领域的具体风险化解在萌芽之时、成灾之前,充分做好应对突发性安全风险的准备,推动实现更高质量、更有效率、更加公平、更可持续、更为安全的发展,向着中华民族伟大复兴的宏伟目标奋勇前进。

3. 强化"两个根本"

习近平总书记特别强调,要从根本上消除事故隐患、从根本上解决问题。这是总书记对新时期做好应急管理工作提出的两项根本性要求,既是重要理念,又是重要原则,也是重要方法。2020年10月10日,国家应急管理部党委书记黄明在主持召开部党委会议时强调,要深刻领会习近平总书记重要指示精神,加快推进应急管理体制机制创新,大力提高安全检查质量效果,从根本上消除事故隐患、从根本上解决问题,坚决遏制重特大事故,切实把确保人民生命安全放在第一位落到实处。

"十四五"时期,湖北省安全生产形势仍处于"爬坡过坎期",自然灾害防治压力大,特别是洪涝灾害、地质灾害、森林火灾风险突出,防汛任务更是居全国之首,必须以自我革命的精神推进理念变革、制度变革、管理方式变革。《规划》坚持"两个根本"。一是用好安全生产专项整治三年行动重大机遇,推动树牢安全发展理念,坚守红线底线,找准本质问题和深层次矛盾,着力解决根本性问题,带动整体提升,推进标本兼治。二是发挥制度的治本作用,不断推进应急管理体制机制创新,健全法律法规预案标准,强化责任落实,全方位、全过程提高风险防控、监测预警、处置救援、恢复重建等能力,形成全方位、立体化的风险预防和控制体系,推进应急管理体系和能力现代化。三是科学把握规律,强化科技和人才支撑,提高应急管理工作的专业化、精细化水平,提升应急管理工作的质量和效果。

4. 坚持"两个至上"

2013年11月24日,习近平总书记在考察山东省青岛市"11·22"中石化东黄输油管道泄漏爆炸特别重大事故抢险工作时强调,各级党委和政府、各级领导干部要牢固树立安全发展理念,始终把人民群众生命安全放在第一位。2016年12月印发的《中共中央 国务院关于推进防灾减灾救灾体制机制改革的意见》强调,牢固树立以人为本理念,把确保人民群众生命安全放在首位。2021年6月13日,湖北省十堰市张湾区艳湖社区集贸市场燃气爆炸事故,习近平总书记作出重要指示,要求全面排查各类安全隐患,切实保障人民群众生命和财产安全,维护社会大局稳定。习近平总书记反复强调"宁可十防九空,不可失防万一""宁可事前听骂声,不可事后听哭声",根本体现的是人民立场、人民情怀。

新修订的《中华人民共和国安全生产法》明确指出,安全生产工作应当以人为本,坚持人民至上、生命至上,把保护人民生命安全摆在首位,树牢安全发展理念,坚持安全第一、预防为主、综合治理的方针,从源头上防范化解重大安全风险。

《规划》把"两个至上"作为应急管理工作的根本价值遵循,落实于安全生产、防灾减灾救灾、应急救援各方面,始终把人民放在心中最高位置,在人民群众最需要的时候冲锋在前,以对人民生命安全极端负责的精神履职尽责,不断创造和谐安定的社会环境,使人民群众的获得感、幸福感、安全感更加充实,更有保障,更可持续。

5. 统筹发展和安全

习近平总书记指出:"当前和今后一个时期是我国各类矛盾和风险易发期,各种可以预见和难以预见的风险因素明显增多。我们必须坚持统筹发展和安全,增强机遇意识和风险意识,树立底线思维,把困难估计得更充分一些,把风险思考得更深入一些,注重堵漏洞、强弱项,下好先手棋、打好主动仗,有效防范化解各类风险挑战,确保社会主义现代化事业顺利推进。"

安全和发展是一体之两翼、驱动之双轮。发展是安全的基础,只有发展起来,才能更好地为维护安全奠定物质基础。安全是发展的保障,保障安全才能行稳致远。应急管理工作是维护公共安全的重要内容,是经济社会发展的安全保障。党的十八大以来,习近平总书记对湖北高度关心、始终牵挂,4次考察湖北、参加全国人大湖北代表团审议,提出"四个着力""四个切实"重要要求,赋予"建成支点、走在前列、谱写新篇"目标定位,作出"三个没有改变"重要判断,为湖北省改革发展擘画蓝图、指路引航。当前湖北省正在锚定这一目标,加快推进湖北高质量发展新篇章。《规划》坚持统筹发展和安全,系统谋划,全方位全过程为服务湖北"建成支点、走在前列、谱写新篇"营造安全稳定的社会环境。

> 发展是安全的基础,安全是发展的条件。贫瘠的土地上长不成和平的大树,连天的烽火中结不出发展的硕果。
> ——习近平在亚洲相互协作与信任措施会议第四次峰会上的讲话,2014年5月21日
>
> 各级党委和政府特别是领导干部要牢固树立安全生产的观念,正确处理安全和发展的关系,坚持发展决不能以牺牲安全为代价这条红线。经济社会发展的每一个项目、每一个环节都要以安全为前提,不能有丝毫疏漏。
> ——习近平对加强安全生产和汛期安全防范工作作出重要指示,2016年7月14日

二、"十四五"时期应急体系建设主要目标指标

《规划》坚持目标导向和问题导向,坚持守正和创新相统一,研究设置应急体系建设目标和指标。

1."十四五"时期应急体系建设主要目标

立足2035年我国基本实现社会主义现代化的主客观条件,既充分考虑湖北省经济社会发展和应急体系建设的有利条件,又充分考虑各种风险和挑战,对2035年应急体系建设目标进行了展望,即到2035年建立与现代化强省相适应的应急管理治理体系,人民群众的获得感、幸福感、安全感显著增强。

锚定2035年远景目标,综合考虑"十四五"时期我国应急管理

体系和能力现代化建设形势以及湖北省应急体系建设条件,提出全省应急体系建设五大主要目标。

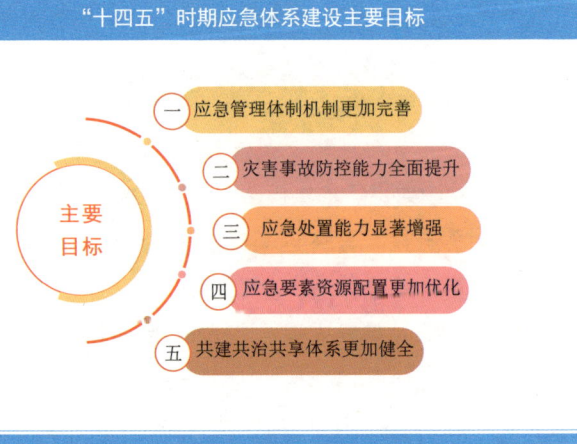

图 2-8 《规划》主要目标示意图

一是应急管理体制机制更加完善。"全灾种、大应急"格局基本建成且运行良好,形成统一指挥、专常兼备、反应灵敏、上下联动的特色应急管理体制,建成统一指挥、权责一致、权威高效的应急体系。

二是灾害事故防控能力全面提升。安全风险分级管控与隐患排查治理双重预防机制进一步完善,自然灾害监测预警预报能力显著增强,有效遏制重特大安全事故。

三是应急处置能力显著增强。救援力量布局更加合理,应急救援效能显著提升,综合应急保障能力全面加强。

四是应急要素资源配置更加优化。科技资源、人才资源、信息资源、产业资源配置更加优化,应急管理科技和信息化水平明显提高。

五是共建共治共享体系更加健全。全社会安全文明程度明显提升,社会公众应急意识和自救互救能力显著提高,社会应急力量发展的环境进一步优化,共商共建共治共享格局基本形成。

2."十四五"时期应急体系建设主要指标

《规划》依据"十四五"时期应急体系建设主要目标,结合湖北省实际,按照前瞻和留有余地相结合的原则,从安全生产和防灾减灾两个方面设置了6项核心指标,与《"十四五"国家应急体系规划》基本保持一致,其中约束性指标3项,预期性指标3项;安全生产类指标3项,防灾减灾类指标3项。

根据《国家应急管理部规划财务司关于做好〈"十四五"国家应急体系规划〉核心指标衔接工作的函》(应急规财〔2020〕165号)要求,约束性指标是《规划》必须完成的指标,纳入评价考核范围,预期性指标是《规划》期望发展的指标,不纳入评价考核范围,考虑到2020年受新冠肺炎疫情影响,安全生产形势与往年相比出现了异常波动,所以使用2019年事故起数、死亡人数作为安全生产类指标"十四五"规划的基期值。

(1)生产安全事故死亡人数。生产安全事故死亡人数是指全省各类生产安全事故死亡总人数,为约束性指标。2019年湖北省各类生产安全事故死亡人数为1395人,与2015年死亡人数1720人相比,下降了18.9%,年均降幅为5%。随着湖北省安全生产水平不断提升,"十四五"时期生产安全事故死亡人数降幅趋势将逐渐收窄,同时考虑到2019年湖北省总体基数偏低,因此参照国家规划指标设置标准,按年平均降幅3.1%取值,该指标设置为2025年与2019年相比下降15%,与国家一致。

(2)单位国内生产总值生产安全事故死亡率。单位国内生产总值生产安全事故死亡率(以下简称亿元GDP事故死亡率)是指全省各类生产安全事故死亡人数与全省生产总值的比值,为约束性指标。湖北省2019年GDP为45 828.3亿元,生产安全事故死亡人数为1395人,亿元GDP事故死亡率与2015年相比下降了47.7%。参照国家规划指标设置标准,按生产安全事故死亡人数年均降幅3.1%、GDP年均增幅5%取值,该指标设置为2025年与2019年相比下降33%,与国家一致。

(3)工矿商贸就业人员十万人生产安全事故死亡率。工矿商贸就业人员十万人生产安全事故死亡率是指工矿商贸生产安全事故死亡人数与每十万工矿商贸从业人数的比值,为约束性指标。湖北省2015年工矿商贸从业人员十万人生产安全事故死亡率为1.04,2019年为1.422,上升了36.7%。"十四五"时期随着湖北省安全生产水平不断提升,工矿商贸就业人员生产安全事故死亡人数将得到有效控制,综合考虑,该指标设置为2025年与2019年相比下降5%,国家为下降20%。

(4)年均每百万人口因自然灾害死亡率。年均每百万人口因自然灾害死亡率是指报告期内全省每一百万人口中因自然灾害导致死亡的人数的平均值,为预期性指标。2016年至2019年湖北省年均每百万人口因自然灾害死亡率为0.98,2005年至2019年年均为1.4。考虑到自然灾害发生的不确定性,该指标设置为小于1.4,国家为小于1。

(5)年均每十万人受灾人次。年均每十万人受灾人次是指报告期内全省每十万人口中因自然灾害受灾人次的平均值,为预期性指标。湖北省2016年至2019年年均每十万人受灾人次为25 003人,考虑到自然灾害发生的不确定性,该指标设置为小于22 000人,国家指标为小于15 000人。

(6)年均因自然灾害直接经济损失占国内生产总值比例。年均因自然灾害直接经济损失占国内生产总值的比例是指报告期内因自然灾害直接经济损失与国内生产总值比值的平均值,为预期性指标。湖北省2000—2019年年均因自然灾害直接经济损失占国内生产总值的比例为1%,因此该指标设置为小于1%,与国家一致。

该部分设置"'十四五'核心指标"专栏一个。

表2-1 "十四五"核心指标

序号	指标内容	"十三五"情况	"十四五"预期值	指标性质
1	生产安全事故死亡人数	-18.9%	-15%	约束性
2	单位国内生产总值生产安全事故死亡率	-47.7%	-33%	约束性
3	工矿商贸就业人员十万人生产安全事故死亡率	+36.7%	-5%	约束性
4	年均每百万人口因自然灾害死亡率	0.98	<1.4	预期性
5	年均每十万人受灾人次	25 003人次	<22 000人次	预期性
6	年均因自然灾害直接经济损失占国内生产总值比例	0.86%	<1%	预期性

3.《规划》中涉及的具体指标

为保证主要目标指标顺利实现,《规划》除核心指标外,设置了26项量化具体指标。

表 2-2 《规划》中涉及的具体指标

序号	指标	指标值	指标说明
1	省、市、县三级综合应急指挥平台互联互通率	100%	自定指标,根据《湖北省应急管理信息化发展规划(2019—2022年)》要求和实际工作需要
2	省级专项应急预案、部门应急预案应急演练频次	至少每3年1次	依据《突发事件应急预案管理办法》
3	政务服务事项办理承诺时限由原法定时限压减	78%以上	自定指标,根据《湖北省推进政府职能转变和"放管服"改革协调小组办公室关于进一步压减依申请和公共服务事项办理时限的通知》要求,对标广东、浙江、上海、江苏等先进省市做法,目标为压减78%以上
4	"十四五"期间完成"三项岗位"人员培训人次	50万人次	自定指标,目前平均每年培训10万~11万人次
5	支持在高危企业集中的地区新建或提升改造具有辐射引领作用的高水平安全生产技能实训基地	10家	自定指标,根据有关文件要求及实际工作需要
6	县级以上应急管理部门装备达标率	80%	国家指标
7	各级应急物资保障预算列入本级财政预算覆盖率	100%	自定指标,根据实际工作需要

续表2-2

序号	指标	指标值	指标说明
8	到2025年底,在役化工企业安全设计诊断复核和问题隐患整改	100%	自定指标,根据《化工(危险化学品)生产储存在役装置安全设计诊断复核制度(试行)》要求及实际工作需要
9	化工园区实行封闭式管理	100%	自定指标,根据有关文件要求及实际工作需要
10	大中型金属非金属矿山企业二级安全生产标准化达标率	60%以上	自定指标,根据有关文件要求及实际工作需要
11	三等以上尾矿库企业二级安全生产标准化达标率	100%	自定指标,根据有关文件要求及实际工作需要
12	到2025年底,特定区域重大自然灾害预警信息手机短信公众覆盖率	100%	国家指标,国家为灾害预警信息公众覆盖率达到90%
13	受灾人员基本生活救助率	100%	自定指标,提能升级需要
14	建设省级专业应急救援队伍	50支	自定指标,根据有关文件要求及实际工作需要
15	各市(州)结合本地区灾害风险特点建设专职应急救援队伍	总规模不少于100人	自定指标,根据有关文件要求及实际工作需要

续表 2-2

序号	指标	指标值	指标说明
16	县、国有林场建立专（兼）职应急救援队伍人数	不少于 50 人	自定指标，根据有关文件要求及实际工作需要，国有林场部分由湖北省林业局提出
17	乡镇（街道）建立专（兼）职应急救援队伍人数	不少于 20 人	自定指标，根据有关文件要求及实际工作需要
18	在城镇建成区、工业园区全面建成"135 快速救援圈"	1 分钟接警、3 分钟出动、5 分钟启动处置	自定指标，参照广东等地做法
19	重点培育社会救援力量数量	25 支	自定指标，根据有关文件要求及实际工作需要
20	新（改、续）建省级消防救援训练基地	1 个	自定指标，湖北省消防救援总队提供
21	新（改、续）建市级消防救援训练基地	16 个	自定指标，湖北省消防救援总队提供
22	到 2025 年底，乡镇（街道）应急能力标准化建设达标率	100%	自定指标，根据有关文件要求及实际工作需要。
23	争创全国综合减灾示范县	10 个	自定指标，"十三五"期间创建 10 个
24	创建综合减灾示范社区	500 个	自定指标，"十三五"期间创建 700 个

续表 2-2

序号	指标	指标值	指标说明
25	到2025年底,县级以上应急管理机构专业人才占比	不低于60%	国家指标
26	推动建设城乡社区应急避难场所数量	30个	自定指标,根据有关文件要求及实际工作需要

第三节　主要任务

党的十九大报告强调:必须坚持和完善中国特色社会主义制度,不断推进国家治理体系和治理能力现代化。应急管理是国家治理体系和治理能力的重要组成部分,推进应急管理体系和能力现代化是新时代应急管理工作的总目标。应急管理体系和应急管理能力是应急管理的两个核心要素,是应急管理制度和制度执行能力的集中体现。

为实现《规划》确定的目标指标,按照建体系、提能力的总思路,提出了九大任务39项子任务,包括健全应急指挥体系、应急管理法治体系、人才科技支撑体系、应急物资保障体系、共建共治共享体系五大体系,提升防范化解重大风险能力、防灾减灾救灾能力、灾害事故应急处置能力、城乡社区基层应急能力四大能力。

一、深化体制机制改革,建立健全应急指挥体系

习近平总书记强调:"改革开放只有进行时,没有完成时。改

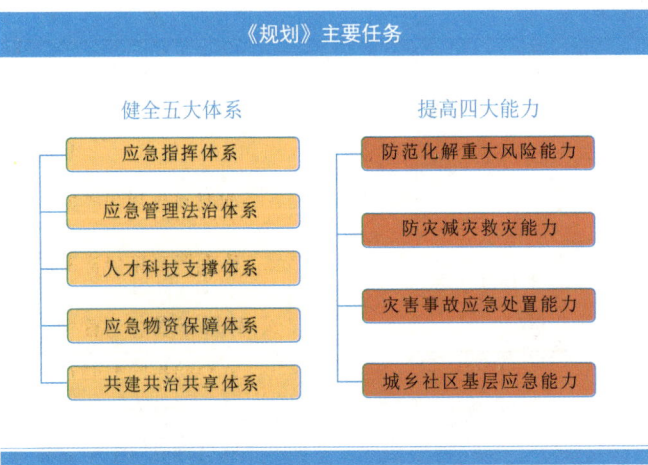

图 2-9 《规划》主要任务示意图

革是由问题倒逼而产生,又在不断解决问题中得以深化。改革进程中的矛盾只能用改革的办法来解决。"①

湖北省应急管理体制机制虽已基本形成,但亟待健全优化。主要表现在:一是应急管理体制有待健全。应急管理部门党的组织建设有待加强,截至 2020 年 12 月 31 日,全省 117 个应急管理机构中,尚有 4 个县级应急管理部门未落实党组改设党委②;安全生产、防汛抗旱、地灾防治、森林防火、减灾救灾等职能由不同的地方政府领导分管,双重领导、地方为主的应急管理体制有待进一步完善;部分市、县应急管理机构职能划转与人员转隶不匹配,缺乏技术支撑机构和专业人才等。二是应急指挥机制有待完善。部分市、县尚未成立突发事件应急管理委员会以及专项应急指挥机构,

---

① 中共中央宣传部.习近平新时代中国特色社会主义思想三十讲[M].北京:学习出版社,2018:95.

② 湖北省应急管理厅.2020 年度湖北省应急管理事业发展统计公报[R].武汉:湖北省应急管理厅,2021.

上下机构设置不完全对应,指挥协调难度大;涉灾部门"防"、应急管理部门"救"的职责划分尚不清晰,部门履职存在交叉,实际操作有待规范;专业化的指挥程序尚未建立等。三是协调联动机制有待理顺。应急管理部门虽然整合了多部门职责,承担"三委三部"办公室的综合协调职能,但是横向协调角色在实际运行中有所弱化,整体联动机制尚未建立,成员单位职责有待厘清,其办公室牵头抓总、综合协调职能有待加强;平急结合、常态应急与非常态应急机制有待建立;区域重大风险的联防联控机制有待完善;军地协同机制有待加强等。

"一案三制"是我国应急体系建设的核心内容,本任务主要从应急管理体制、应急指挥体系、协同联动机制3个方面进行部署。

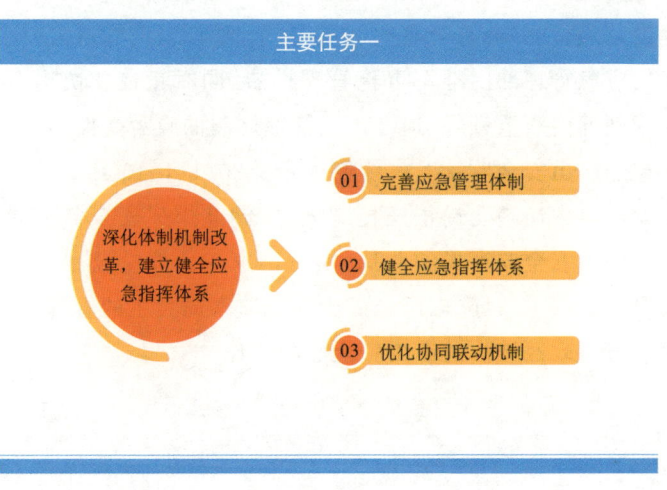

图 2-10　应急指挥体系建设任务示意图

1. 完善应急管理体制

《中共中央关于坚持和完善中国特色社会主义制度、推进国家治理体系和治理能力现代化若干重大问题的决定》(以下简称《决定》)明确指出,构建统一指挥、专常兼备、反应灵敏、上下联动的应急管理体制。

坚持中国共产党的集中统一领导,能够实现重大突发事件应对的统一指挥、统一协调、统一调度,形成应对重大突发事件的强有力"拳头"。国家应急管理部正在加快出台加强应急管理系统党的建设的意见,继续推进市、县应急管理部门党组改设党委,构建与部门管理体制相适应的应急管理系统党建工作体系,确保把党的领导贯穿应急管理工作全过程各方面。①

推动应急管理部门全面实行准军事化管理和双重领导、地方为主的管理体制。应急管理部门全面实行准军事化管理是习近平总书记提出的明确要求,国家应急管理部已全面启动准军事化管理建设,拟建立一套符合新时代要求、体现实战化特点、适应我国国情的应急管理部门准军事化管理模式,同时正在加快出台落实应急管理部门双重领导、地方为主管理体制的政策文件。②

推进矿山安全监管监察体制改革。2021年10月27日,国家矿山安全监察局湖北局正式挂牌成立,湖北煤矿安全监察局更名为国家矿山安全监察局湖北局,实行国家矿山安全监察局与湖北省人民政府双重领导、以国家矿山安全监察局为主的管理体制,负责湖北省行政区域内的矿山安全监察工作。

---

① 黄明.深入推进改革发展 全力防控重大风险 为开启全面建设社会主义现代化国家新征程创造良好安全环境——在全国应急管理工作会议上的讲话[R].北京:应急管理部,2021-01-13.
② 同①。

> 中国特色社会主义制度是一个严密完整的科学制度体系,起四梁八柱作用的是根本制度、基本制度、重要制度,其中具有统领地位的是党的领导制度。党的领导制度是我国的根本领导制度。党的十八大以来,我们鲜明提出"中国特色社会主义最本质的特征是中国共产党领导,中国特色社会主义制度的最大优势是中国共产党领导,党是最高政治领导力量"。这次全会强调,"必须坚持党政军民学、东西南北中,党是领导一切的,坚决维护党中央权威,健全总揽全局、协调各方的党的领导制度体系,把党的领导落实到国家治理各领域各方面各环节"。这是党领导人民进行革命、建设、改革最宝贵的经验。我们推进各方面制度建设、推动各项事业发展、加强和改进各方面工作,都必须坚持党的领导,自觉贯彻党总揽全局、协调各方的根本要求。
>
> ——习近平在中共十九届四中全会第二次全体会议上的讲话,2019年10月31日

2. 健全应急指挥体系

成立(调整)各级突发事件应急管理委员会。《湖北省突发事件应对办法》第五条规定,县级以上人民政府设立应急管理委员会,市、县两级人民政府应根据新时期应急管理工作要求,及时成立或者调整本级突发事件应急管理委员会,强化应急管理委员会对突发事件的统一领导、统一指挥,充分发挥应急管理部门的综合优势和各相关部门的专业优势,衔接好"防"和"救"的责任链条。

构建统一指挥、权威高效、反应灵敏的应急指挥体系。在总结

《湖北省应急体系"十四五"规划》解读

探索党政主要领导同时担任防汛抗旱指挥部指挥长,分管应急管理和分管水利工作的政府副职担任副指挥长,应急管理、水利部门主要领导担任防汛抗旱指挥部办公室主任,应急管理、水利部门分管领导担任常务副主任的基础上,完善相关机制,加强统筹协调。按照"上下基本对应"原则进一步理顺防汛抗旱、森林防灭火、地质灾害救援、抗震救灾等指挥体制机制,构建上下贯通、衔接有序的工作体系。

分级负责、属地为主,是我国应急指挥组织的一项基本原则。所谓分级负责,主要是指根据事件级别的不同,确定突发事件应对工作由不同层级的党委、政府负责。所谓属地为主,主要是指应急处置工作由事件发生地的县级以上地方党委、政府负责。同时,按照"综合协调、权责对等、专业处置"的原则,建立分工明确、衔接紧密的应急指挥组织架构和专业化的应急指挥程序,按照"专业处置、科学施救"的原则,探索建立现场指挥官制度,根据实际需要设立现场指挥部,指定现场指挥官,全权负责指挥现场应急处置。

县级人民政府对本行政区域内突发事件的应对工作负责,涉及两个以上行政区域的,由有关行政区域共同的上一级人民政府负责,或者由各有关行政区域的上一级人民政府共同负责。

县级以上人民政府及其有关部门按照法律、法规、规章和应急预案,指导、协调下级人民政府及其有关部门、派出机构做好相关突发事件应对工作。

乡(镇)人民政府、街道办事处依法做好本行政区域内突发事件信息报告、先期处置等应对工作。

乡(镇)人民政府、街道办事处依法做好本行政区域内突发事件信息报告、先期处置等应对工作。

突发事件发生后,县级以上人民政府及其有关部门应当根据应急预案立即启动应急响应,调集应急救援队伍和社会力量,依照法律、法规和本办法规定的应急措施进行处置,控制事态发展或者灾情蔓延,并立即向上一级人民政府报告。

事发地县级人民政府不能消除或者不能有效控制突发事件引起的严重社会危害的,应当在采取先期处置措施的同时,报请上一级人民政府组织处置。特别重大突发事件由省人民政府根据国务院部署予以处置。

突发事件由上级人民政府统一领导和组织处置的,事发地人民政府应当做好先期处置和协助善后工作。

按照属地管理的原则,中央在鄂企业、省属企业应当根据当地人民政府要求,积极开展突发事件的应急处置和救援工作。

——《湖北省突发事件应对办法》关于分级负责、属地管理的规定

根据《湖北省突发事件应对办法》第二十条规定,全面建成省、市、县三级综合应急指挥平台,实现各级应急指挥平台的互联互通。

《湖北省应急体系"十四五"规划》解读

> 县级以上人民政府应当建立政府应急平台,政府有关部门建立专业应急平台,以政府应急平台和部门专业应急平台为依托,建立统一的突发事件信息报送系统,形成突发事件信息报送快速反应机制和舆论收集、分析机制。
> ——《湖北省突发事件应对办法》第二十条规定

3. 优化协同联动机制

突发事件具有突发性、危害性、紧急性和公共性的特点。① 突发事件的发生与演进是一个动态的过程,从性质上看,可能由一类突发事件引发另一类突发事件;从地理区域上看,突发事件可能扩散到一定的行政辖区之外,引起危害升级。应急管理是常态管理与非常态管理的结合。在常态下,要做好突发事件的预防与应急准备工作,在非常态下,要有效进行处置、妥善进行恢复。因此在应急管理全过程中,必须强化协作意识,要建立不同层级政府、不同部门、不同区域、不同救援队伍之间的合作机制。

《规划》强调,加强部门协同、区域协同和军地协同。湖北省地处中部,是长江经济带发展战略的重要地区之一,我国中部崛起的重要战略支点。当前区域发展不平衡不协调问题突出,随着长江大保护和全省"一主引领、两翼驱动、全域协同"区域发展布局的实施,亟需加强与周边省份、省内长江流域沿线城市以及三峡库区、武陵山区、大别山区、秦巴山区、幕阜山区等区域重大风险的联防联控,建立联合指挥、灾情速报、资源共享等省际应急联动机制和省内区域协同联动机制。

---

① 钟开斌. 应急管理十二讲[M]. 北京:人民出版社,2020:4-6.

二、加强法规标准建设,健全应急管理法治体系

习近平总书记指出,要坚持依法管理,运用法治思维和法治方式提高应急管理的法治化、规范化水平,系统梳理和修订应急管理相关法律法规,抓紧研究制定应急管理、自然灾害防治、应急救援组织、国家消防救援人员、危险化学品安全等方面的法律法规,加强安全生产监管执法工作。要加强应急预案管理,健全应急预案体系,落实各环节责任和措施。

本任务主要从应急法规制度、应急标准体系、应急预案管理、安全生产执法4个方面健全应急管理法治体系。同时该项任务设置"应急管理地方性法规规章标准制修订重点"专栏一个。

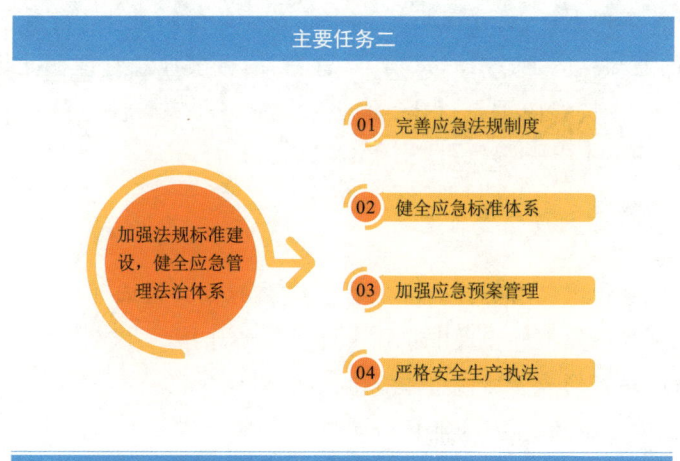

图2-11 应急管理法治体系建设任务示意图

1. 完善应急法规制度

"十三五"期间,湖北省先后印发了《湖北省地方党政领导干部

《湖北省应急体系"十四五"规划》解读

安全生产责任制细则》《湖北省安全生产党政同责实施办法》两部党内法规,制修订了《湖北省安全生产条例》等地方性法规、政府规章和一系列制度文件,已基本形成了较为完善的应急管理法规制度体系。

"十四五"期间,一是制修订湖北省应急管理有关法律法规,二是建立应急管理常态化普法教育机制,提高全民知法、懂法、守法、护法、用法意识和风险防控意识。

2. 健全应急标准体系

一是充分发挥湖北省应急管理标准化技术委员会作用,聚焦安全生产、防灾减灾抗灾救灾、应急救援等主要职能板块,加快推动标准规范的制修订。

二是根据《应急管理部关于印发〈应急管理标准化工作管理办法〉的通知》(应急〔2019〕68号)文件精神,开展应急管理标准化试点工作,支持省内重点行业、重点企业制定和完善应急管理有关标准。

3. 加强应急预案管理

应急预案体系是我国应急管理体系的重要组成部分,应急预案管理在突发事件管理中起到十分重要的作用。2004年以来,湖北省已基本形成了覆盖总体应急预案、专项应急预案、部门应急预案、地方应急预案、企事业单位应急预案、重大活动应急预案的"横向到边、纵向到底"的应急预案体系,但普遍存在应急预案针对性、具体性、实操性、兼容性、公众参与度不强的问题。"十四五"期间,将重点在以下几个方面加强应急预案管理。

一是加强预案的制修订。加快制修订省、市、县三级政府总体应急预案、专项应急预案和部门应急预案,制定武汉城市圈、"襄十随神"城市群、"宜荆荆恩"城市群联合应急预案和极端天气、重要目标、重大活动、重大基础设施应急预案。

二是加强应急预案管理。重点完善应急预案全流程管理机制,充分运用应急预案数字化管理平台,加强应急预案分级分类动态管理。

三是加强应急预案演练和评估。省级专项应急预案、部门应急预案至少每3年进行一次应急演练,法律法规另有规定的从其规定。建立定期评估制度,实现应急预案的动态优化和科学规范管理。

4. 严格安全生产执法

习近平总书记指出,要坚持依法治理,加强安全生产监管执法工作,监管执法要精准。党的十九届五中全会和2021年全国两会通过的《中华人民共和国国民经济和社会发展第十四个五年规划和2035年远景目标纲要》明确提出了加强安全生产监管执法的具体要求。

"十三五"期间,湖北省安全生产监管执法力度不断加大,安全生产环境进一步优化,主要体现在以下几个方面。

一是监管执法队伍综合素质显著提升。截至2020年底,全省应急管理系统行政执法人员持证人数4239人,其中省级165人、市级699人、县级3375人。2020年共组织市、县应急管理局执法证到期人员和未取证人员近1300人参加网络培训,换发执法证500余件。

二是监督检查执法力度不断加大。2019年全省各级应急管理部门安全生产领域实际监督检查生产经营单位47 652家,监督检查覆盖率83.7%。全年实施行政处罚2378次,共处罚款9 966.53万元,同比上升7.8%,实施行政处罚2338次,下达各类行政执法文书85 249份。全年事故查处共移送追究刑事责任14人,其中生产经营单位主要负责人14人。

以上举措虽然取得了一定成效,但仍存在着执法队伍专业能力不够以及多头检查、重复检查、低效检查等问题。"十四五"期间,将瞄准这些问题,重点开展以下几项工作。

一是全面推进应急管理综合行政执法改革。2020年9月27日,《中共中央办公厅 国务院办公厅关于深化应急管理综合行政执法改革的意见》指出,加快构建权责一致、权威高效的监管执法体制。从整合监管执法职责、健全监管执法体系、加强执法队伍建设、下移执法重心、规范执法行为、完善执法方式、健全执法制度、突出加强安全生产监管执法、强化执法保障等方面部署了9项主要任务。湖北省根据国家要求,加快研究出台推进应急管理综合行政执法改革的意见,全面推进市、县两级应急管理部门整合相关监管执法职责,组建应急管理综合行政执法队伍。

二是创新执法方式,加大精准执法力度。紧盯容易引发重特大事故的问题隐患,依据重大生产安全事故隐患判定标准,确定执法检查重点事项清单,列入执法计划,部署开展针对性的专项执法行动。深化"双随机、一公开"执法检查,开展重点抽查、突击检查。健全完善分级分类差异化执法机制,突出重点行业领域、重点地区和重点企业开展"全覆盖"执法检查。建立重点行业企业"一企一监管主体"和交叉执法模式,省、市、县级应急管理部门对同一企业确定一个执法主体,避免多层多头重复执法。探索"互联网+执法"模式,实现线上执法、远程执法。落实行政执法"三项制度",规范执法行为。

三是健全安全生产执法违法违纪线索移交制度。全面落实《关于加强安全生产执法工作的意见》要求,深入贯彻实施《中华人民共和国刑法修正案(十一)》和新修订的《中华人民共和国安全生产法》,建立健全行政执法与刑事司法衔接工作常态化协作机制。深化应急管理领域"放管服"改革。

三、集聚创新发展要素,完善人才科技支撑体系

习近平总书记指出,要强化应急管理装备技术支撑,优化整合各类科技资源,推进应急管理科技自主创新,依靠科技提高应急管理的科学化、专业化、智能化、精细化水平。要加大先进适用装备的配备力度,加强关键技术研发,提高突发事件响应和处置能力。要适应科技信息化发展大势,以信息化推进应急管理现代化,提高监测预警能力、监管执法能力、辅助指挥决策能力、救援实战能力和社会动员能力。

当前,湖北省应急领域科技创新发展比较滞后,普遍存在应急领域科技创新不足、应急管理科技手段运用不够、"硬核"应急装备缺乏、应急产业发展不平衡、应急人才培训培养机制有待完善等问题。"十四五"期间,将重点从破解应急关键技术瓶颈、提升应急管理信息化水平、加强应急人才培养、强化应急装备建设、扶持应急产业发展5个方面,不断完善与"精准应急"相匹配的人才科技支撑体系,提升创新发展动能。

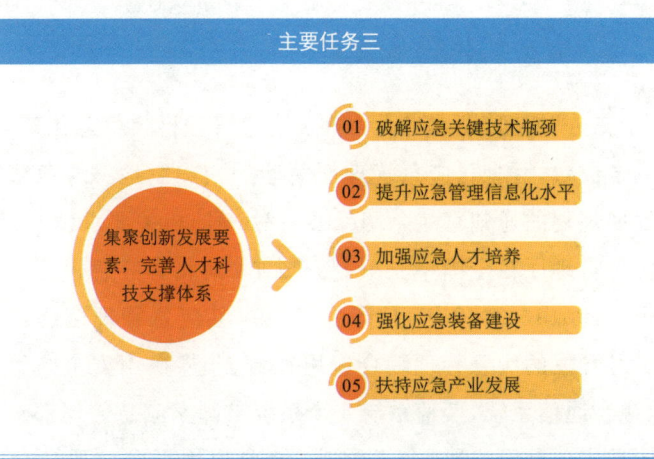

图 2-12 人才科技支撑体系建设任务示意图

1. 破解应急关键技术瓶颈

完善应急科技创新体系,对应急管理业务工作具有重要支撑作用。破解应急关键技术瓶颈,重点从以下两个方面开展工作。

一方面,深入贯彻落实国家创新驱动发展战略,支持应急领域科技创新平台建设。根据《应急管理部办公厅关于印发〈应急管理部重点实验室管理办法(试行)〉的通知》(应急厅〔2020〕28号)文件精神,支持湖北省高校、科研单位和企业争创国家应急管理部重点实验室,依托社会机构设立湖北省应急管理研究院,在安全生产、应急通信、航空救援、道路抢通、生命救援、个体防护、应急服务等相关重点领域建设一批新型研发机构和科技创新平台。

另一方面,加强与科技管理部门的协作,支持应急领域关键技术研发,开展"六大关键技术"攻关,即公共安全综合保障技术、重大自然灾害监测与防御技术、生产安全保障与重大事故防控技术、重大基础设施安全保障技术、安全应急保障技术、城镇公共安全保障技术。

2. 提升应急管理信息化水平

"十三五"期间,湖北省大力推进应急管理科技信息化建设,取得了一定成效。按照《应急管理部关于加快编制地方应急管理信息化发展规划的通知》(应急函〔2018〕272号)相关要求,2019年湖北省应急管理厅在全国率先编制完成了《湖北省应急管理信息化发展规划(2019—2022年)》,印发了《市、县应急管理信息化建设任务书》,开发的应急管理综合应用平台、非煤矿山安全监管信息系统、融合通信系统、蓝信系统4个系统被国家应急管理部选中并在全国推广。截至2020年5月底,综合应用平台注册危化企业684家、工贸企业8882家;非煤矿山安全监管信息系统注册尾矿库 59 家、地下矿 86 家、露天矿 155 家；蓝信系统注册人数 4795 人。

"十四五"期间，瞄准"依靠科技提高应急管理的科学化、专业化、智能化、精细化水平，以信息化推进应急管理现代化"这一目标，按照信息化发展规划总体架构，重点推进智慧应急建设。

一是加快空天地一体化的全省应急通信骨干网络建设，提供"统一高效、全面融合、全程贯通、随遇接入、按需服务"的通信保障。

二是强化全域感知数据采集及接入，打造性能强大、弹性计算的云资源服务平台。

三是逐步建设完善监测预警、监管执法、应急指挥救援、决策分析辅助、政务管理等业务应用体系，有力支撑常态、非常态下的事前、事中、事后全过程应急管理。

四是建立全面立体的安全防护体系和科学智能的运维管理体系，保障全省应急管理网络和信息系统安全、稳定、高效、可靠运行。

五是打造应急管理信息化联合创新平台，开放轻应用开发及赋能门户，建立应急管理部门、高校科研院所、高科技企业共同参与的联创社区，实现应急管理信息化水平持续提升。

3. 加强应急人才培养

习近平总书记强调，大力培养应急管理人才，加强应急管理学科建设。《中华人民共和国突发事件应对法》第三十六条规定，国家鼓励、扶持具备相应条件的教学科研机构培养应急管理专门人才。国家教育部有关人士表示，当前应急安全人才培养的规模、结构、质量都不能很好适应应急安全产业新发展。加快应急安全人才培养体系建设，必须坚定不移地走产教融合之路，并加快与数字化、智能化融合。

《规划》从以下4个方面提出了湖北省"十四五"期间应急人才培养的具体措施。

一是加强应急专家队伍建设。加强应急管理智库建设,建立应急管理专家咨询委员会。

二是加快应急管理专业人才培养。依托在鄂高校院所,培养创新型、应用型、技能型人才。

三是加快企业专业技能人才培训培养。实施高危行业领域安全技能提升培训行动,"十四五"期间完成生产经营单位主要负责人、安全管理人员和特种作业人员"三项岗位"人员培训50万人次。

四是加快培训基地建设。《规划》提出,支持在高危企业集中的地区新建或改造10家具有辐射引领作用的高水平安全生产技能实训基地,依托重点化工企业、化工园区或第三方专业机构建立实习实训基地,遴选3～5家安全技能培训示范企业。

4. 强化应急装备建设

先进适用的应急管理装备是高效、可靠实施突发事件预防与应急准备、监测预警、处置救援、预防防护等的重要基础和有效保障。①《规划》针对湖北省应急管理、救援装备现代化程度不高、"硬核"装备缺乏等问题,提出要强化应急装备建设。

一是加强新型应急装备建设。重点加强应急指挥通信技术装备、智能无人机应急救援技术装备、跨区域救援特种装备、专用工程抢险救援技术装备、自然灾害特种救援装备、森林灭火技术装

---

① 范维澄. 以科技为支撑推进应急管理装备能力现代化[N]. 学习时报,2020-02-17(005).

备、地下矿山抢险救援技术装备等装备建设,大力发展无人救援装备。

二是加强先进应急救援装备配备。按照省级负责大型共用装备,市、县级负责辖区内常规及专用抢险救援装备的原则,加大应急管理部门、综合性应急救援队伍、专业性应急救援队伍以及社会应急救援队伍先进适用装备配备。

三是加强应急救援装备统型建设。推进应急装备智能化、标准化、模块化、系列化、成套化发展。

四是建立省级应急装备与服务信息平台。吸收省内外先进应急装备纳入平台,规范披露装备名称、能力等基本信息,为各地应急装备选型、采购、配备提供支撑,推动应急装备物联网建设。

5. 扶持应急产业发展

湖北省在应急装备、应急通信、应急交通、消防安全、监测预警等应急产业领域基础良好,但发展相对滞后。2016年,湖北省人民政府办公厅发布了《关于加快应急产业发展的实施意见》,应急产业得到了一定的发展,随州、赤壁高新技术产业园区被认定为国家应急产业示范基地,目前全省已经初步形成了处置救援、预防防护、应急服务、监测预警等比较完整的产业链。但是应急产业整体发展仍然滞后,主要表现在:市场不成熟,公众应急产品消费需求不强,个人应急产品消费的观念意识薄弱;应急产品的技术层次不高,应急产业创新动力不足;科技支撑力度不够,缺少统筹和整合,应急科技创新缺少系统性的目标指引,应急科技发展存在一定的盲目性和重复性等。

《规划》提出,"十四五"期间,扶持应急产业发展。一是支持应急产业示范基地建设。推动随州、赤壁国家应急产业示范基地建设,支持武汉、襄阳、宜昌、黄石、十堰、荆州、荆门等地根据当地产业基础发展各具特色的应急产业。二是积极发展优势应急产业。充分发挥湖北省现有应急产业基础优势,大力发展应急专用车、应急桥梁装备、应急交通工程装备、消防救援装备、航空应急救援和水域救援产业,打造湖北省应急装备制造的特色品牌。三是完善应急产业发展相关政策及配套措施。完善应急产业投融资机制,探索设立地方应急产业基金,鼓励金融机构支持应急产业发展。

四、强化采供储运管理,健全应急物资保障体系

应急物资保障体系建设是应急管理体系的重要组成部分,党中央、国务院高度重视应急物资保障体系建设工作。习近平总书记在中央全面深化改革委员会第十二次会议上强调:要健全统一的应急物资保障体系,把应急物资保障作为国家应急管理体系建设的重要内容,按照集中管理、统一调拨、平时服务、灾时应急、采储结合、节约高效的原则,尽快健全相关工作机制和应急预案。要优化重要应急物资产能保障和区域布局,做到关键时刻调得出、用得上。对短期可能出现的物资供应短缺,建立集中生产调度机制,统一组织原材料供应、安排定点生产、规范质量标准,确保应急物资保障有序有力。要健全国家储备体系,科学调整储备的品类、规模、结构,提升储备效能。要建立国家统一的应急物资采购供应体系,对应急救援物资实行集中管理、统一调拨、统一配送,推动应急物资供应保障网更加高效安全可控。

习近平总书记的重要指示为湖北省应急物资保障体系建设提供了根本遵循。中共湖北省委、省人民政府高度重视此项工作,将应急物资保障体系纳入全省国民经济和社会发展"十四五"规划,并已将应急储备设施补短板工程纳入疫后重振补短板强功能"十大工程"三年行动方案。

随着应急管理部门组建成立,应急物资保障的范围和内容都发生了极大变化,从之前由民政部门保障的生活类救灾物资,扩大到生活保障类和涵盖防汛抗旱、地震灾害、森林火灾、地质灾害等自然灾害及危化品事故、矿山事故、陆上石油天然气事故等生产安全事故的抢险救援、特殊稀缺类物资,应急物资储备方式、规模、品类、结构,以及物资储备库的储备容量、区域布局等均需要进行极大的调整。整体而言,当前湖北省应急物资保障体系距离实现"全灾种、大应急、大安全、大救灾"的目标仍存在短板弱项,主要表现在以下 4 个方面。

一是应急物资保障体制不完善。应急物资储备缺乏统筹管理,存在多头管理、职能交叉、重复储备等问题。应急物资调运联动机制不完善,"优先通行"需要一事一协调、一事一保障,效率不高。

二是应急物资保障机制不健全。应急物资采购资金来源短缺,省级仅将救灾物资预算纳入财政预算,有 64 个市县没有将应急物资预算纳入本级财政预算,占全、省、市、县总数的 52%。管理不规范,收储轮换缺乏时效性、匹配性,部分品种应急物资使用效率不高。征用补偿机制不健全,缺乏财政补贴、资金保障、产能扶持等方面的政策支持,企业参与意愿不高。

三是应急物资储备体系不完备。省、市、县、乡四级应急物资储备体系尚未健全,大部分应急物资储备库建成年代较早,布局不合理、建设标准低、仓储管理水平落后、储备规模小、储备品种覆盖面不足,无法满足"全灾种、大应急"的应急物资保障需求。储备方式较单一,主要依赖实物储备。

四是应急物资保障信息化管理水平低。应急物资、装备、专业队伍等信息资源分散,全省尚未建立起完善的应急物资信息共享机制,尚未建成全省统一规范的信息化、智能化物资管理平台。

《湖北省应急体系"十四五"规划》解读

为构建满足"全灾种、大应急、大安全、大救灾"需要的新时期应急物资保障体系,"十四五"期间,亟需从应急物资采购、供应、储备、调拨、运输、管理等全链条进行优化完善。

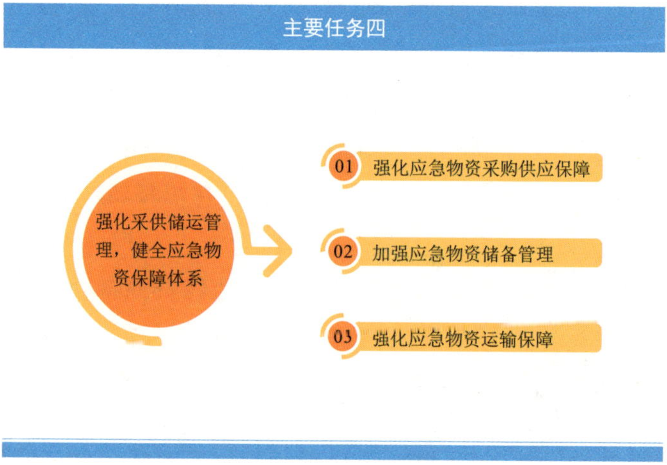

主要任务四

强化采供储运管理,健全应急物资保障体系

01 强化应急物资采购供应保障

02 加强应急物资储备管理

03 强化应急物资运输保障

图 2-13 应急物资保障体系建设任务示意图

1. 强化应急物资采购供应保障

一是加强应急物资摸底调查。充分了解全省应急物资生产供应企业情况,为常态化采购、紧急采购以及生产能力储备提供决策支撑。

二是规范应急物资采购。健全省、市、县应急物资分级采购机制。建立突发事件应急物资紧急采购制度,开辟紧急采购"绿色通道",遴选一批综合实力强、经营管理规范、信誉良好的企业纳入紧急采购目录。

三是明确紧急状态下的供应机制。规范应急物资紧急生产(转产)程序,建立集中调度生产机制,统一组织突发事件下紧缺物资的原材料生产、供应,保障产品质量标准。

四是强化应急物资供应链保障。建设华中区域应急物资供应链与集配中心,实现应急物资产供销企业全链条动态追溯管理,确保应急物资供应链安全。

2. 加强应急物资储备管理

一是做好应急物资保障顶层设计。编制应急物资保障体系规划,制定应急物资管理办法、应急物资目录、应急物资储备标准和仓储设施建设标准。

二是优化应急物资储备库布局。构建以华中区域应急物资供应链与集配中心为主干,以3个省级区域性(鄂东南、鄂西北、鄂西南)应急救援基地(物资储备中心)和市级(武汉、黄石、十堰、荆州、荆门、孝感、咸宁、随州、恩施)应急物资储备库(省级区域代储库)为辅助,以县级应急物资储备库为补充的应急物资储备格局,形成"中心库+区域库+前置库"的应急物资储备体系。

三是创新应急物资储备模式,加大物资储备力度。实行实物储备、协议储备、产能储备相结合的应急物资储备模式,重点加强生活保障类、抢险救援类、特殊稀缺类应急物资储备。

四是加强应急物资专项资金保障。健全各级应急物资专项资金保障机制,推动应急物资保障预算列入本级财政预算覆盖率从现有的48%提升至100%。

五是提升应急物资管理水平。建设全省应急物资管理信息平台,提高应急物资管理及调配的数字化水平。

六是加强应急物资社会储备。制定乡镇(街道)、村(社区)、企事业单位、家庭等应急物资储备建议清单,引导提升社会储备意识,提高应急物资社会储备能力。

该任务设置"应急物资储备重点"专栏一个,重点对生活保障

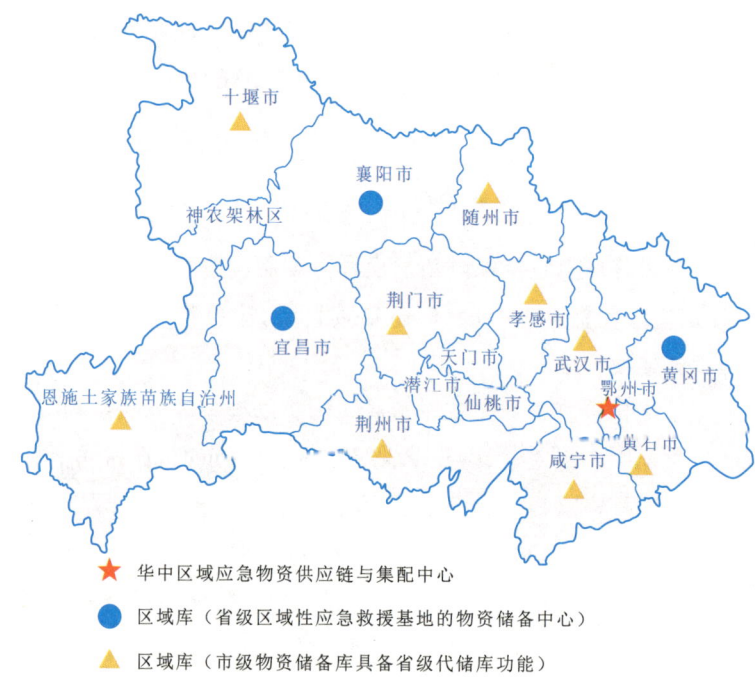

图 2-14 湖北省应急物资储备库规划布局(前置库未标注)

类、抢险救援类、特殊稀缺 3 类物资的储备重点进行了细化。生活保障类主要列出了保障应急时日常生活所需的 7 种储备物资;抢险救援类主要列出了邻水、山区、城镇、园区 4 类区域抢险救援物资储备重点;特殊稀缺类主要列出了防汛抗旱、森林防灭火、地震灾害救援、地质灾害救援、危险化学品事故救援、矿山事故救援、陆上石油天然气事故救援 7 类灾害事故救援所需的物资储备重点。

3. 强化应急物资运输保障

一是加强应急物资运输协同保障机制建设。建立多方参与、协同配合的应急物资综合交通紧急运输管理协调机制。加强紧急运输"绿色通道"建设,完善应急物资及救援人员运输车辆、应急通信保障车辆优先通行机制。

二是加强应急物资运输队伍建设。充分利用当地大型物流企业与物流园区建立应急物资运输队伍,依托邮政、快递、商贸等系统物流服务网络和设施,推动应急物流发展,建立健全空中紧急运输服务队伍体系。

三是加强应急物资调拨配送管理。完善调剂调用机制,积极推进应急物资调拨与配送科学化、规范化、系统化、制度化,推动应急物资储运设备集装单元化发展,提升调拨配送效率。

五、加强安全生产管理,提高防范化解重大风险能力

习近平总书记明确提出,发展决不能以牺牲安全为代价,这是一条不可逾越的红线;必须坚持人民利益至上,强化红线意识,实施安全发展战略;要健全风险防范化解机制,坚持从源头上防范化解重大安全风险,真正把问题解决在萌芽之时、成灾之前。

"海恩法则"指出,每一起严重事故的背后必然有29次轻微事故和300起未遂先兆以及1000起事故隐患。该法则强调两点:一是事故的发生是量的积累的结果;二是再完美的制度,不落到实处,都将导致严重事故的发生。

由此可见,遏制重特大生产安全事故,必须加强安全生产管理,强化红线意识和底线思维,加强风险识别和评估,从源头上消除事故隐患,必须压实安全生产责任,构建安全风险分级管控和隐患排查治理双重预防机制,健全风险防范化解机制。

本部分重点从压实安全生产责任、加强安全风险源头管控、强化安全风险智能监测、提升城市安全韧性、深化安全生产专项整治

5个方面部署安全生产管理任务,涵盖了安全生产工作方方面面,是实现"十四五"时期安全生产形势持续趋稳向好的重要途径。

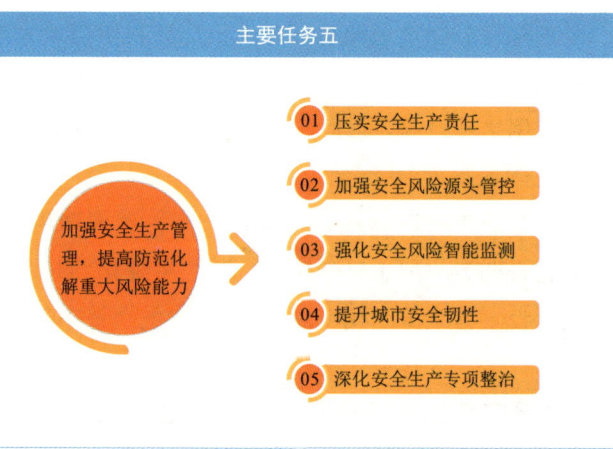

图 2-15　防范化解重大风险能力建设任务示意图

> 面对波谲云诡的国际形势、复杂敏感的周边环境、艰巨繁重的改革发展稳定任务,我们必须始终保持高度警惕,既要高度警惕"黑天鹅"事件,也要防范"灰犀牛"事件;既要有防范风险的先手,也要有应对和化解风险挑战的高招;既要打好防范和抵御风险的有准备之战,也要打好化险为夷、转危为机的战略主动战。
>
> ——习近平在省部级主要领导干部坚持底线思维着力防范化解重大风险专题研讨班开班式上的讲话,2019年1月21日

1. 压实安全生产责任

新修订的《中华人民共和国安全生产法》明确规定：安全生产工作坚持中国共产党的领导；安全生产工作实行管行业必须管安全、管业务必须管安全、管生产经营必须管安全，强化和落实生产经营单位主体责任与政府监管责任，建立生产经营单位负责、职工参与、政府监管、行业自律和社会监督的机制。从法律层面明确了各方的安全生产责任，厘清了安全生产综合监管与行业监管的关系，明确了应急管理部门、负有安全生产监督管理职责的有关部门、其他行业主管部门、党委和政府其他有关部门的责任，建立了比较完备的责任体系。

> 血的教训警示我们，公共安全绝非小事，必须坚持安全发展，扎实落实安全生产责任制，堵塞各类安全漏洞，坚决遏制重特大事故频发势头，确保人民生命财产安全。
> ——习近平对加强安全生产工作作出重要指示批示，2016年1月6日

《规划》从党政领导责任、专业委员会和部门监管责任、企业主体责任和责任追究4个方面，全面压实安全生产责任。

一是落实党政领导责任。地方各级党委和政府主要负责人是本地区安全生产第一责任人，班子其他成员对分管范围内的安全生产工作负领导责任。

二是明确专业委员会和部门监管责任。坚持"三管三必须"，健全安全生产委员会统筹抓总、专业委员会分线协调的工作机制，明确综合监管和行业监管的职责界限。

三是压实企业主体责任。①落实企业全员安全生产责任制。②落实安全总监配备。《湖北省安全生产条例》《中共湖北省委 湖北省人民政府关于推进安全生产领域改革发展的实施意见》《关于在重点行业领域生产经营单位建立安全总监制度的通知》(鄂安〔2019〕10号)等均对在重点行业领域生产经营单位建立安全总监制度作出明确规定,要求本省从业人员100人及以上,或年主营业务收入2000万元及以上的矿山、金属冶炼、建筑施工、交通运输、危险化学品、民用爆炸物品、粉尘涉爆、涉氨制冷、船舶修造、航空航天等行业(领域)的生产经营单位均应建立安全总监。鼓励其他生产经营单位建立安全总监制度。③夯实企业安全生产基础。推进安全风险分级管控和隐患排查治理双重预防机制建设,开展以安全化管控为重点的新一轮技术改造,推进"机械化换人、自动化减人、智能化无人"。

四是严格责任追究。严格按照"四不放过"原则开展事故调查,加强对未遂事故和非亡人事故的调查分析,严防小风险酿成大事故。

> 有关单位和人员报送、报告突发事件信息,应当做到及时、客观、真实,不得迟报、谎报、瞒报、漏报。
>
> 迟报、谎报、瞒报、漏报有关突发事件的信息,或者通报、报送、公布虚假信息,造成后果的,根据情节对直接负责的主管人员和其他直接责任人员依法给予处分。
>
> ——《中华人民共和国突发事件应对法》,2007年11月1日起实施

2. 加强安全风险源头管控

一是严格建设项目安全设施"三同时"。国家《建设项目安全设施"三同时"监督管理办法》规定,生产经营单位是建设项目安全设施建设的责任主体,建设项目安全设施必须与主体工程同时设计、同时施工、同时投入生产和使用(简称"三同时")。《湖北省人民政府关于进一步加强安全生产工作的意见》(鄂政发〔2015〕72号)要求,督促各类企业严格执行建设项目安全设施"三同时"规定,确保安全设施与主体工程同时设计、同时施工、同时投入生产和使用。《规划》提出,严格建设项目安全设施"三同时",优化高危行业领域建设项目安全联合审批机制,健全重大项目决策安全风险评估与论证机制。

二是制定"禁限控"目录。编制"禁限控"目录是落实安全生产准入、强化危险化学品安全风险管控的重要举措。《湖北省危险化学品安全综合治理实施方案》指出,鼓励有条件的地区根据实际制定本地区危险化学品"禁限控"目录。《规划》提出,推进设区的市级政府制定并严格落实危险化学品"禁限控"目录。

三是严格化工企业和化工园区安全生产管理。《湖北省危险化学品安全管理办法》要求,新建化工项目必须进入化工园区,未按规定进行整体性安全风险评价的化工园区内不得新建、改建、扩建危险化学品建设项目。《规划》结合湖北省实际情况,提出化工新建项目进园区,化工园区实行封闭式管理,合理布置功能分区,科学评估安全风险,有效管控安全容量。

四是继续推进在役化工企业安全设计诊断复核。湖北省危险化学品企业仍以中小型企业为主,建厂时间较早,由于历史原因,大部分企业存在未批先建、边建边批或未经正规设计,建设标准低,工艺装备水平落后,造成先天性隐患且整改难度大,如生产装置安全距离不符合现行规范标准的问题;加之企业不断改造、提升、优化生产工艺流程,变更频繁,更有甚者,变更未经审批,导致工艺装置、设备设施的本质安全存在诸多薄弱环节。为有效解决上述历史遗留问题,2019年全省85家设计单位对1023家危险化学品企业开展了安全设计诊断复核(其中危险化学品生产企业307家),发现不符合现行标准规范项5061处,重大隐患196处。已出具诊断复核报告和制定整改方案的企业959家,已投入整改资金3.4亿元,450家企业已完成整改。同年,湖北省应急管理厅制定印发《化工(危险化学品)生产储存在役装置安全设计诊断复核制度(试行)》,指出危险化学品单位应结合装置实际运行状况,定期开展安全设计诊断复核工作,对存在5种情况的单位应立即对装置进行安全设计诊断复核。《规划》结合国家、省文件精神和湖北省实际,提出到"十四五"末,在役化工企业安全设计诊断复核率达到100%。

五是加强风险辨识和隐患排查治理。《湖北省人民政府关于进一步加强危险化学品安全生产工作的意见》指出,所有危险化学品生产、经营、使用企业要运用隐患排查治理"两化"(标准化、数字化)体系,建立健全隐患自查自改、实时上报工作机制,实现隐患排查治理的常态化、规范化,增强隐患排查治理的针对性、时效性。要将发现的隐患风险分级分类,及时整治高风险等级隐患,切实做到隐患整改措施、责任、资金、时限和预案落实。《规划》对企业、单位开展风险辨识和隐患排查治理也提出了相关要求,并强调针对隐患排查治理不彻底、同类隐患反复出现等问题要开展隐患溯源。

3. 强化安全风险智能监测

监测、预警是突发事件预防的两大关键环节。监测预警的要点主要包括致灾因子的排查和监测、风险评估、预警传报、激发应急响应。① 随着物联网、大数据、5G、人工智能等技术的发展,在安全生产领域利用新一代信息技术开展智能监测预警已成为可能。

中共中央办公厅、国务院办公厅印发《关于全面加强危险化学品安全生产工作的意见》指出,研究建立危险化学品全生命周期信息监管系统,综合利用电子标签、大数据、人工智能等高新技术,对生产、贮存、运输、使用、经营、废弃处置等各环节进行全过程信息化管理和监控,实现危险化学品来源可循、去向可溯、状态可控,做到企业、监管部门、执法部门及应急救援部门之间互联互通。推进化工园区安全生产信息化智能化平台建设,实现对园区内企业、重点场所、重大危险源、基础设施实时风险监控预警。《危险化学品重大危险源监督管理暂行规定》第十三条规定:危险化学品单位应当根据构成重大危险源的危险化学品种类、数量、生产、使用工艺(方式)或者相关设备、设施等实际情况,按照要求建立健全安全监测监控体系。

2019年,湖北省工贸、危化、矿山安全生产监管信息系统开始运行,危险化学品企业静态数据接入938家,三、四级重大危险源企业动态数据暂未接入。非煤矿山企业共接入视频261路,在线率达95.23%;传感器1081个,在线率达83.33%。尾矿库倾斜摄影数据31个,占比73.8%。在全国率先实现33座重点尾矿库在线监测系统与湖北省应急管理厅联网,提高了重点尾矿库安全风险防控能力。

《规划》结合实际,从扩大企业感知数据采集试点范围、建设安全风险动态监测预警系统建设、加强重大工程项目安全跟踪监测等多个方面部署安全风险智能监测工作。

一是扩大企业感知数据采集试点范围。扩大危险化学品、非煤矿山、烟花爆竹、页岩气、工贸等领域重点监管企业感知数据采

---

① 王宏伟. 新时代应急管理通论[M]. 北京:应急管理出版社,2019:182-183.

集试点建设范围,实现高危企业感知数据和分级告警数据全部接入。

二是建设安全风险动态监测预警系统。推进企业、化工园区、监管部门信息共享、上下联动的信息化监管平台和安全风险动态监测预警系统建设,实现对危险化学品生产、贮存、运输、使用、经营、废弃处置等各环节的全链条监控。

三是加强重大工程项目安全监测。加强对三峡工程、南水北调工程、西电东送工程、西气东输工程、山区铁路干线和公路干线工程、大型厂矿建设工程等在选址、地勘、设计、施工中的信息共享和实时跟踪监测,实现对重要环节、重点部位、重大危险源的实时监控和重大安全风险预警。

> 围绕危险化学品、煤矿、非煤矿山、烟花爆竹等高危行业安全生产重大风险,以感知数据为支撑,构建风险监测指标体系和监测预警模型,实现对高危行业企业安全生产风险的监测、评估、预警和趋势分析,强化安全生产风险的分类分级管控,为重点监管、精准执法、科学施策提供支撑。
>
> ——《应急管理体系和能力建设干部读本》

4. 提升城市安全韧性

"韧性"一词,引申到应急管理领域,是指对突发事件的快速响应和迅速恢复能力,即整个系统有效化解和抵御冲击,避免或减轻灾害,并从事件中快速恢复,从而保持系统的主要特征和基本功能不受显著影响的能力,具体包含4个特征:一是抗冲击,二是可持续,三是防次生,四是恢复快。自20世纪90年代以来,"韧性"理念已被广泛应用于应急管理领域,成为当今世界各国城乡建设发展的主流方向。① 2016年召开的第三届联合国住房与可持续城市发展大会,将倡导"城市的生态与韧性"作为新城市议程的核心内容之一。

城市建设运行中,常会遇到地震、强风、暴雨、洪水、雪灾等自然灾害,也会遇到供水、供电、供气、轨道交通、大型特种设备运行安全事故和高层楼宇、地下空间、高风险作业场所、人员密集场所、化工园区、大型群众性活动等特殊场所或活动的安全威胁。随着我国国民经济发展和城镇化的推进,人们向城市聚集,城市建设和管理进入新常态,城市安全问题日益突出,已成为城市各阶层都需要关注的问题。2015年中央城市工作会议指出:要把安全放在第一位,把住安全关、质量关,并把安全工作落实到城市工作和城市发展各个环节、各个领域。这一论述具有极其重要的现实意义。在城市人口高密集、高流动、交通拥挤、事故隐患等不确定的风险源无处不在、安全运行风险剧增的背景下,有必要构筑城市风险治理体系,提升城市安全韧性。

2019年11月,国务院安全生产委员会印发《国家安全发展示范城市评价与管理办法》,在全国开展安全发展示范城市创建工作,重点引导以安全生产为基础的城市安全发展体系建设,从源头治理、风险防控、监督管理、保障能力、应急救援5个方面积极推动完善城市安全各项工作。

根据《国家安全发展示范城市评价与管理办法》《国家安全发展示范城市评价细则(2019版)》,结合湖北省城市运行发展实际,《规划》主要从以下3个方面对城市发展韧性进行了详细部署。

一是强化城市风险源头治理。开展安全风险辨识评估,建立

---

① 钟开斌. 应急管理十二讲[M]. 北京:人民出版社,2020:295.

安全风险信息管理平台,实施风险分级分类管控。

二是强化城市风险防控。加强短临预警预报,健全高效应急联动机制,防御极端暴雨。开展地铁防淹应急措施专项整治,加强危险化学品、涉氨制冷、有限空间、城镇燃气、轨道交通、大型特种设备等重点行业领域和隧道、下穿道、桥梁、易积水路段等交通重点部位安全隐患排查治理,加强堆场、基坑、边坡、地下空间等周边工程安全监测监控。开展深基坑、高支模、建筑起重机械等危险性较大的工程和轨道交通工程专项治理。加快推进人口密集区危险化学品生产企业搬迁改造。

三是加强监督管理。实施城乡综合风险监测预警中心建设工程,加强基础设施建设、运营过程中的风险评估和安全监管,确保城市"生命线"安全。

四是创建国家安全发展示范城市。结合湖北省"一主引领、两翼协同、全域发展"的区域发展布局和城市定位,支持武汉、襄阳、宜昌、黄冈等地创建国家安全发展示范城市。

5. 深化安全生产专项整治

为认真贯彻落实习近平总书记关于安全生产重要论述,从根本上消除事故隐患,国务院安全生产委员会于2020年4月印发《全国安全生产专项整治三年行动计划》,在全国部署开展2个专题、9个行业领域的安全生产专项整治三年行动。湖北省安全生产委员会于2020年5月印发《湖北省安全生产专项整治三年行动方案》,在全面贯彻落实国家要求的基础上,结合湖北省实际,聚焦风险高、隐患多、事故多发易发重点行业领域,重点开展包括危险化学品、煤矿和电力、非煤矿山、消防、综合交通、城市建设、工业园区、城镇燃气、校园、医院、旅游等22项专项整治。

《规划》在总结安全生产专项整治三年行动经验的基础上全面部署专项整治工作,并设置了一个专栏,对14个重点行业领域进行了细化,具体如下。

一是深入开展安全生产专项整治。推进危险化学品、矿山、消防、综合交通、城市建设、工业园区、危险废物、烟花爆竹、特种设备、城镇燃气、校园安全、旅游安全等重点行业领域安全整治。

二是突出抓好长江大保护。开展沿江化工企业"关改搬转治绿"整治,推动重点地区外部安全防护距离不足和城镇人口密集区的危险化学品企业搬迁改造。

三是强化安全监管。加快淘汰关闭不符合国家产业政策、不具备安全生产条件的煤矿和非煤矿山。加强鄂西磷矿区岩爆灾害研究与治理,推动形成岩爆灾害防范标准。推动建立健全油气长输管道高后果区风险企地共管机制,鼓励化工园区内具有上下游产业链关联的企业运用管道输送代替道路运输。加强安全生产领域监督执纪问责。

该任务设置"安全风险管控和隐患排查治理重点"专栏一个,涵盖14项重点行业领域。

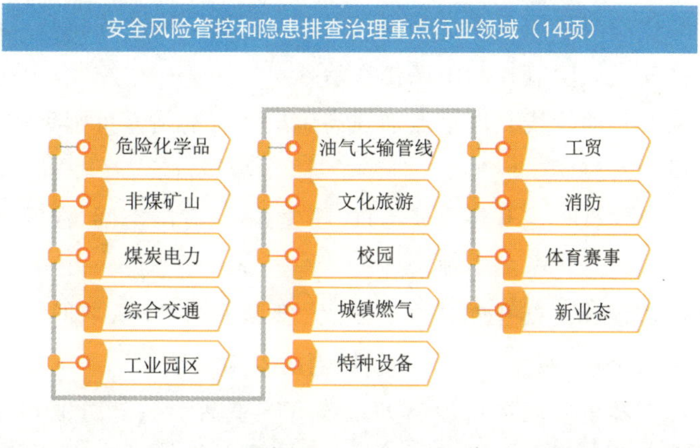

安全风险管控和隐患排查治理重点行业领域(14项)

危险化学品	油气长输管线	工贸
非煤矿山	文化旅游	消防
煤炭电力	校园	体育赛事
综合交通	城镇燃气	新业态
工业园区	特种设备	

图 2-16 安全风险管控和隐患排查治理重点行业领域示意图

危险化学品领域主要开展硝化工艺、有机硅、涉氨涉氯、精细化工反应风险评估和安全仪表系统自动化改造。

非煤矿山领域主要推动企业安全生产标准化建设、尾矿库闭库治理等。

煤炭电力行业主要推进煤矿关停退出。

综合交通领域(含道路运输、民航、铁路、邮政、水上和城市轨道)重点建立重大风险清单和责任清单,开展隐患大排查、大整治。

工业园区方面重点开展园区整体性安全风险评估,提出消除、降低、控制安全风险的对策措施。

特种设备领域重点开展起重机械、压力管道、移动式压力容器等专项整治,对电梯、客运索道、大型游乐设施束缚装置等开展整治。

城镇燃气领域重点完成气瓶信息追溯系统和液化气充装站改造,推动建立燃气安全风险监测系统。

校园安全领域重点开展校园消防、校舍建设、实验室危险化学品管理、校车运营等安全隐患排查治理。

文化旅游领域重点加强文化场所、旅游特种设备和高风险游览项目安全风险管控和隐患排查治理。

油气长输管线领域重点加强高后果区特别是人员密集型高后果区风险管控。

工贸领域重点开展金属冶炼、粉尘涉爆、有限空间、涉氨制冷、使用储存危险化学品专项治理。

消防领域重点开展高层建筑、大型商业综合体、老旧小区、危险化学品企业、城乡接合部等领域消防专项治理。

体育赛事方面重点加强大型体育赛事活动风险防范和控制,加强安全监管和隐患排查整改。

新业态方面重点开展新业态领域安全风险评估和隐患排查治理,明确企业主体、从业人员、监管部门职责。

六、加强自然灾害防治,全面提升防灾减灾救灾能力

防灾减灾救灾工作事关人民群众生命财产安全,事关社会和谐稳定,是衡量执政党领导力、检验政府执行力、评判国家动员力、彰显民族凝聚力的一个重要方面。当前湖北省面临的自然灾害形势仍然复杂严峻,防灾减灾救灾体制机制有待完善,灾害信息共享和防灾减灾救灾资源统筹不足,重救灾、轻减灾思想比较普遍,监测设施布局还不够合理,预警信息发布机制有待进一步完善,城市高风险、农村不设防的状况尚未根本改变。

习近平总书记多次强调,要坚持以人民为中心的发展思想,正确处理人和自然的关系,正确处理防灾减灾救灾和经济社会发展的关系,坚持以防为主、防抗救相结合,坚持常态减灾和非常态救灾相统一,努力实现从注重灾后救助向注重灾前预防转变,从应对单一灾种向综合减灾转变,从减少灾害损失向降低灾害风险转变,全面提升全社会抵御自然灾害的综合防范能力。

本部分重点从灾害风险调查评估、监测预警、综合治理、救助恢复4个方面部署自然灾害防治工作。

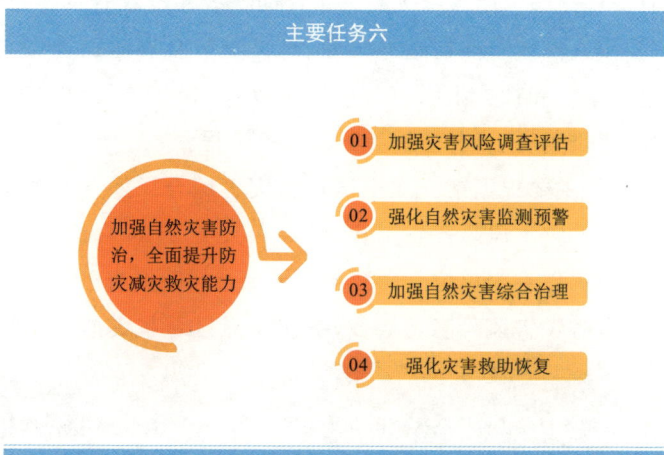

图2-17 防灾减灾救灾能力建设任务示意图

《湖北省应急体系"十四五"规划》解读

1. 加强灾害风险调查评估

摸清风险隐患底数,是开展风险评估和监测预警的基础,灾害风险调查和重点隐患排查工程是国家自然灾害防治9项重点工程之一,是提高我国自然灾害防治能力的重要工作。湖北省是我国自然灾害比较严重的省份之一,常见的自然灾害有洪涝、干旱、滑坡、泥石流、崩塌、森林火灾、雷电等,偶见大风、冻雨、地震等,受全球气候变化、极端天气、经济建设活动等影响,重大灾害发生频次和危险性也有所增加。① 为全面落实第一次全国自然灾害综合风险普查要求,2020年9月,湖北省人民政府办公厅发布《关于开展第一次全国自然灾害综合风险普查的通知》(鄂政办电〔2020〕32号),正式在全省开展自然灾害综合风险普查工作。普查涉及自然灾害类型主要有地震灾害、地质灾害、气象灾害、水旱灾害、森林火灾等。承灾体调查对象主要包括遭受灾害破坏和影响的居民、生命线工程、公共服务系统以及三次产业所涉及的人口、房屋、基础设施、财产、自然资源与环境和区域经济等。综合减灾资源(能力)调查对象包括参与防灾减灾救灾工作的各级人民政府及有关部门单位、乡镇人民政府和街道办事处、村民委员会和居民委员会、重点企事业单位和社会组织、部分居民,以及水利工程、地质灾害防护工程、避难场所、森林防护等防灾减灾工程。

《规划》主要根据第一次全国自然灾害综合风险普查要求,提出:实施自然灾害风险普查工程,针对六大类21种自然灾害及其承灾体特点,以县为单位全面开展灾害综合风险调查、重点隐患排查,摸清全省灾害风险隐患底数,查明重点区域抗灾能力,建立分

---

① 权威解答!湖北省第一次全国自然灾害综合风险普查[EB/OL].(2021-9-12)[2021-10-15]. http://news.cnhubei.com/content/2021-09/12/content_14092806.html

类型、分区域的自然灾害综合风险与减灾能力数据库,分类编制自然灾害系列综合风险图和自然灾害综合防治区划图。

2. 强化自然灾害监测预警

国家高度重视灾害综合监测预警平台及自然灾害综合风险监测中心建设,明确要求加快构建空天地一体化全域覆盖的灾害事故监测系统,扩大对灾害事故的监测覆盖面,提高精准度、时效性,增强决策指挥的科学性和有效性。2021年全国应急管理工作会议对"十四五"期间应急管理工作作出全面部署,对灾害风险监测和综合减灾工作提出新目标、新任务、新要求,明确了监测减灾工作的目标方向、主攻点和突破口。一是突出做好灾害综合风险监测工作,实现风险隐患早发现、早预警、早处置。二是提高重大灾害综合风险预警响应能力,研究制定灾害综合预警响应启动条件和分级标准,编制预警响应行动指南,提高非常态重特大灾害和多灾种、灾害链综合预警响应能力。

> 要加强气象、洪涝、地质灾害监测预警,紧盯各类重点隐患区域,开展拉网式排查,严防各类灾害和次生灾害发生。
> ——习近平对防汛抢险救灾工作作出重要指示,2018年7月19日

"十三五"期间,湖北省不断加大灾害监测预警网络建设,监测预警预报能力显著提高。湖北省气象局建设立体化全覆盖的监测网络,先后新建并改造升级新一代天气雷达,进一步优化综合气象站网布局,11个市(州)建成气溶胶质量浓度(PM2.5)监测站,17个市(州)建成了空气负离子监测站,新建土壤水分站10套。湖北

《湖北省应急体系"十四五"规划》解读

省农业农村厅建立了26个农情监测点、80个有害生物预警与控制站。湖北省自然资源厅"十三五"期间共投入15 445万元建设监测预警网络,实现了全省14 763处地质灾害隐患点群测群防全覆盖;已建设完成了168处专业监测点,全部投入运行,做到了早期预防预警;省、市、县三级地质灾害气象风险预警网络全覆盖,强化了气象、水利、地质等部门协作,发布风险预警354期,发送短信92.9万人次,成功预报154起地质灾害,有效避免人员伤亡5381人。总体来看,监测能力虽有提升,但还存在着监测站点布局不合理,预警信息发布不及时、不精确等问题。"十四五"期间,将主要针对这些问题,强化自然灾害监测预警能力建设。

一是优化监测站点布局。优化自然灾害监测站点、地震台网和综合立体气象观测网络布局,加强监测基础设施建设,逐步完善空天地一体化全域覆盖的灾害风险监测网络。

二是提升预警信息发布能力。完善"分类管理、分级预警、平台共享、规范发布"的突发事件预警信息发布体系,拓宽预警信息发布渠道,强化临灾预警发布能力和针对特定区域、特定人群的快速精准发布能力。

3. 加强自然灾害综合治理

> 加强自然灾害防治关系国计民生,要建立高效科学的自然灾害防治体系,提高全社会自然灾害防治能力,为保护人民群众生命财产安全和国家安全提供有力保障。
> ——习近平在主持召开中央财经委员会第三次会议上的讲话,2018年10月10日

第二章 《规划》主要内容解读

"十三五"期间,湖北省减灾委员会各成员单位积极推动综合防灾减灾"十三五"规划贯彻落实,加强防灾减灾基础设施建设,提升综合防灾减灾能力。

地质灾害工程治理方面。2016—2019年,全省积极开展地质灾害隐患点工程治理与搬迁避让工作,共投入经费140 955万元。其中,治理工程投入经费131 890万元,搬迁避让投入经费9065万元,完成了规划安排的71处治理工程和10处搬迁避让工作任务,并在地质灾害综合防治体系建设项目安排下,又相继完成了171处工程治理和6处避险搬迁项目。地质灾害补助资金22.96亿元,其中中央财政补助资金13.5亿元,省级财政补助资金6.66亿元,三峡专项资金2.8亿元。

抗旱调水工程方面。积极筹措资金229.86亿元开展引江济汉工程、鄂北地区水资源配置工程建设。2019年以来,全省水利部门调度涵闸、泵站、水库等水利工程设施,引长江、汉江水22.1亿立方米,引河湖水3.7亿立方米,大型泵站提水4.2亿立方米,水库放水21.9亿立方米,累计提供灌溉抗旱用水51.9亿立方米,为抗旱减灾提供强有力的水源保障。特别是在汉江下游抗旱用水急增之际,引江济汉工程加大调引长江水的流量,出梅以来累计补水汉江10.9亿立方米、补水长湖6.9亿立方米,有效保障了东荆河沿岸65万群众抗旱用水需求。2019年全省累计投入抗旱资金近12亿元,抗旱用电2亿度;累计开展飞机人工增雨作业13架次、地面人工增雨作业537次,受益面积约36.36万平方千米。

重点水利建设工程方面。2017—2019年,全省水利补短板规划投资169.54亿元,截至2019年共完成投资167.88亿元,完成建设任务的99%。易涝地区12处重点外排泵站汛期全部开机运行,新增排涝能力每秒750.4立方米,总排涝面积达11 500平方千米,重点易涝区排涝能力增加一倍,防汛排涝能力明显增强。2019年汛期累计排水7亿立方米,特别是钟祥市南湖泵站、嘉鱼县余码头二站、监利县螺山泵站在防汛排涝中发挥了巨大作用,极大地缓解了区域内涝压力,排涝效益十分显著,为排区农业增产增收奠定了坚实的基础。五大湖泊湖堤加固项目完成加固湖堤356千米,新建穿堤建筑物204处,五大湖泊堤防防洪标准全部达到设计标准。14条入江重要支流治理项目完成新建、加固堤防1532千米,护坡护岸490千米,河道疏浚237千米,建筑物725座,加固后的堤防均达到设计的防洪标准,为湖北省经济高质量发展和社会和谐稳定提供了有力支撑。1280座小型病险水库除险加固项目已全部完成主体工程,其中有1273座水库完成全部建设任务并投入运行,在抗御2019年特大干旱过程中发挥了巨大作用。

森林防火方面。全省森林防火累计完成投资48 165万元,其中中央投入26 185万元,地方投入21 980万元。全省建成瞭望塔254座、视频监控系统133套、检查站161处,形成了高山瞭望视频监控和地面巡护相结合的立体化监测网络;建设车载台276台,固定电台232台,配备通信车6辆、卫星通信设备9套、手持对讲机3365部,初步建立以超短波通信网为基础、以卫星通信和机动通信为补充的通信系统,森林防火通信率由不足28%提高至47%;新建改造专业队营房40座,配备森林消防车35辆,运兵车69辆,巡防摩托车1347辆,灭火机、割灌机、消防铲等中小型机具2.5万台(套),大型消防水车、高压水泵、高压细水雾等机具装备开始推广应用,灭火效率和控制大火能力得到提升。2020年,通过政府购买服务形式采购卫星林火监测系统并下发各地试应用,取得了较好的效果和反响;采购500万元的储备物资,有效填补了省级防灭火储备物资空缺。

2019年,《湖北省提高自然灾害防治能力工作方案》发布实施,明确8项工程治理措施,重点推进实施灾害风险调查和重点隐患排查、重点生态功能区修复、地质灾害综合治理和避险移民搬迁、地震易发区房屋设施加固、防汛抗旱水利提升、应急救援中心建设、自然灾害监测预警信息化、自然灾害防治技术装备现代化八大工程。

《规划》在本项任务中,重点围绕自然灾害综合治理,提出:实施《湖北省提高自然灾害防治能力工作方案》,统筹推进八大工程。推动地质灾害易发地区分级分类综合治理,提升区域内交通、水利、通信、能源等关键基础设施以及学校、医院及重点文物保护单位的设防水平和承灾能力,增强极端自然灾害条件下抗损毁和快速恢复能力。推进地质灾害综合防治体系重点省份建设,实施重大地质灾害隐患点工程治理或搬迁避让。在重点城市和地震、地质灾害易发区开展地震活动断层探测、地面沉降防治和房屋设施加固。加强防汛抗旱工程建设,补齐补强洪涝灾害防御短板,完善防洪工程体系,提高水旱灾害防范应对能力。统筹开展避险集中安置、工程治理和生态保护修复工作。结合湖北省森林火灾形势,加强森林防灭火应急能力建设,推进秦巴山、大别山、武陵山、幕阜山等重点山系森林防火重点区林火阻隔系统建设。

4. 强化灾害救助恢复

救助恢复重建关系到灾害受影响群众的切身利益和受影响地区的长远发展,是一项艰巨繁重的系统工程。

中共中央办公厅、国务院办公厅印发的《关于改革完善社会救助制度的意见》提出,建立健全分层分类的社会救助体系,实现精准救助、高效救助、温暖救助、智慧救助;健全自然灾害应急救助体系,逐步建立与经济社会发展水平相适应的自然灾害救助标准调整机制,统筹做好应急救助、过渡期生活救助、旱灾临时生活困难救助、冬春临时生活困难救助和因灾倒损民房恢复重建等工作;做好重大疫情等突发公共事件困难群众急难救助工作,适当提高受影响地区城乡低保、特困人员救助等保障标准。

2013年5月21日至23日,习近平总书记在芦山地震灾区考

《湖北省应急体系"十四五"规划》解读

察时指出:"恢复重建是一项复杂的系统工程,要科学规划,精心组织实施。特别要按时完成灾害损失、灾害范围评估,搞好资源环境承载能力评价;按照以人为本、尊重自然、统筹兼顾、立足当前、着眼长远的要求,科学编制好规划;加大政策支持力度,统筹研究资金、税费、金融、土地、产业、住房、就业、社会保障等各项支持政策。"①

《规划》重点针对灾后救助和灾后恢复重建,结合落实国家政策,提出了"十四五"期间湖北省灾害救助恢复工作的主要方向。

一是加强灾后救助。建立与经济社会发展水平相适应的自然灾害救助标准调整机制,对妇女儿童和特困人员实施优先救助,适当提高因灾倒损居民住房恢复重建补助和受灾影响地区城乡低保、特困人员救助标准。加强自然灾害救助信息化建设。

二是加强灾后恢复重建。健全灾后恢复重建机制,客观科学确定灾害范围,综合评估灾害损失,完善评估标准和评估流程,积极动员各类社会组织和个人参与灾后恢复重建。

三是加强灾后心理救援。近年来,我国更加重视突发事件心理救援和心理康复工作,《汶川地震灾后恢复重建总体规划》强调:"实施心理康复工程,采取多种心理干预措施,医治受灾群众心理创伤,提高自我调节能力,促进身心健康。"《规划》提出加强灾难心理救援体系建设,发生重大灾难后及时开展受灾人群心理应急救援工作。

该项任务设置"自然灾害防治重点"专栏一个,对湖北省洪涝及干旱灾害、地震和地质灾害、森林火灾三类主要自然灾害的防治重点进行了细化。洪涝及干旱灾害方面,重点建设水旱灾害综合监测感知网络、预报预警系统和防汛抗旱应急指挥系统,实现水旱风险分级"一张图"管控。地震和地质灾害方面,重点建成省级地震和地质灾害监测与应急处置系统。森林火灾方面,重点开展森

---

①习近平.继续大力发扬伟大抗震救灾精神 妥善安置群众科学开展恢复重建[N].人民日报,2013-5-24.

林火灾风险普查,构建跨部门实时共享的立体式监测网络,建立全省森林防灭火应急指挥平台。

七、强化救援力量建设,提升灾害事故应急处置能力

习近平总书记强调,要加强应急救援队伍建设,建设一支专常兼备、反应灵敏、作风过硬、本领高强的应急救援队伍。要采取多种措施加强国家综合性救援力量建设,采取与地方专业队伍、志愿者队伍相结合和建立共训共练、救援合作机制等方式,发挥好各方面力量作用。要强化应急救援队伍战斗力建设,抓紧补短板、强弱项,提高各类灾害事故救援能力。要坚持少而精的原则,打造尖刀和拳头力量,按照就近调配、快速行动、有序救援的原则建设区域应急救援中心。要加强航空应急救援能力建设,完善应急救援空域保障机制。

本部分重点针对应急救援,从提升应急指挥决策能力、加强应急救援队伍建设、加强应急救援基地建设、加强航空应急救援能力建设4个方面统筹部署,提升全省灾害事故应急处置能力。

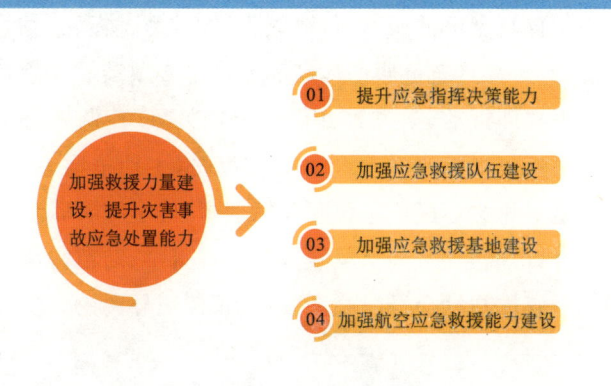

图 2-18 灾害事故应急处置能力建设任务示意图

1. 提升应急指挥决策能力

> 对突出矛盾要有责任意识,主动去解决而不是回避推卸,努力做到发现在早、处置在小。对突发事件要临危不惧、沉着冷静、敢于负责,关键时刻要亲临现场、靠前指挥、果断处置。
>
> ——习近平在中央党校县委书记研修班学员座谈会上的讲话,2015年1月12日
>
> 面对复杂形势和艰巨任务,我们要在危机中育先机、于变局中开新局,干部特别是年轻干部要提高政治能力、调查研究能力、科学决策能力、改革攻坚能力、应急处突能力、群众工作能力、抓落实能力,勇于直面问题、想干事、能干事、干成事,不断解决问题、破解难题。
>
> ——习近平在2020年秋季学期中央党校(国家行政学院)中青年干部培训班开班式上的重要讲话,2020年10月10日

国务院参事、国务院应急管理专家组组长闪淳昌指出,各级领导干部必须提高自己的研判力、决策力、掌控力、协调力、舆论引导力和学习能力,并具有健康的体魄和心态。必须掌握4项基本功:一是要对下立即行动,千方百计做好先期处置,控制事态,把伤亡损失降到最低。二是要对上及时如实报告,主动争取上级指导和支援。三是对相关地区或单位要及时通报,健全完善联动机制,强化协调配合,形成合力,确保风险隐患发现得早、防范得准、化解得好。四是对媒体和社会及时主动发声,正确引导舆论。①

---

① 应急管理·大家谈:推进应急管理体系和能力现代化,领导干部是关键[EB/OL].(2020-8-27)[2021-10-17].http://www.rmlt.com.cn/2020/0827/591464.shtml.

地方党政领导干部的应急指挥决策能力直接影响到应急救援处置效率。为提升应急领导干部的指挥决策能力,《规划》提出:将应急管理与突发事件应对纳入各级党校和行政学院的必修课程,每3年对市(州)政府分管领导轮训一次。同时,为进一步提升专业处置能力,《规划》提出建设应急管理情景教学、媒体应对、巨灾应对仿真实验室,重点开展典型案例教学,增强领导干部风险意识,提升预判能力、危机化解能力和媒体应对能力,同时加强模拟处突实战演练,重点演练应急指挥、信息报送、现场指挥、协调联动和综合保障等工作,不断提高领导干部在应急管理方面的研判力、决策力、掌控力、协调力和舆论引导力。

2. 加强应急救援队伍建设

新修订的《中华人民共和国安全生产法》第七十九条规定:国家加强生产安全事故应急能力建设,在重点行业、领域建立应急救援基地和应急救援队伍,并由国家安全生产应急救援机构统一协调指挥;鼓励生产经营单位和其他社会力量建立应急救援队伍,配备相应的应急救援装备和物资,提高应急救援的专业化水平。

我国应急救援力量主要包括国家综合性消防救援队伍、各类专业应急救援队伍、社会应急力量以及解放军、武警应急救援队伍。其中,国家综合性消防救援队伍主要由消防救援队伍和森林消防队伍组成,是我国应急救援的主力军和国家队。各类专业应急救援队伍主要由相关部门和地方专职消防、森林(草原)防灭火、地震和地质灾害救援、生产安全事故救援、水上救援、航空救援等专业救援队伍构成,是国家综合性消防救援队伍的重要协同力量。社会应急力量主要包括基层政府、企事业单位和群众自治组织组建的基层应急救援队伍,由共青团、红十字会、志愿者协会及其他社会组织建立的志愿者应急救援队伍。同时,人民解放军和武警部队是我国应急处置与救援的突击力量,担负着重特大灾害事故的抢险救援任务。①

目前湖北省事故应急工作中主要存在的问题之一就是应急救援能力建设有待进一步加强。尤其是队伍建设方面,目前除了国家综合性消防救援队伍外,主要依靠的还是企业、民间组织等社会救援力量,这些救援力量队伍隶属不同、规模建制不一、素质参差不齐,急需进行整合规范和强化教育训练。②

《规划》按照习近平总书记提出的"就近调配、快速行动、有序救援"应急救援总要求,统筹推进综合性消防救援队伍、专业应急救援队伍、基层应急救援力量、社会应急力量协调发展,形成以综合消防救援力量为主力、军队应急力量为突击、专业应急力量为协同、社会应急力量为辅助的具有湖北特色的应急救援力量体系。

一是建强综合性消防救援队伍。推动国家综合性消防救援队伍由应对单一灾种向多灾种、综合性应急救援队伍转型发展,同时优化力量布局和队伍编成,配备先进适用装备。

二是加强专业应急救援队伍建设。2025年底前,建设50支省级专业应急救援队伍,每年选取5支建设标杆队伍;各市(州)结合本地区灾害风险特点建设总规模不少于100人的专职应急救援队伍;推动县、国有林场和乡镇(街道)分别建立不少于50人和20人的专(兼)职应急救援队伍;各类工业园区和危险化学品、煤矿、非煤矿山等高危行业企业按标准建立应急救援队伍。

三是加强基层应急救援力量建设。《国务院办公厅关于加强基层应急队伍建设的意见》(国办发〔2009〕59号)指出,全面建设县级综合性应急救援队伍,深入推进街道、乡镇综合性应急救援队

---

① 应急管理部:国家综合性消防救援队伍共编制19万人[EB/OL].(2019-9-18)[2021-10-15]. https://baijiahao.baidu.com/s?id=1645013326232336627&wfr=spider&for=pc.

② 湖北省应急管理厅.《湖北省生产安全事故应急实施办法》文字解读[R].武汉:湖北省应急管理厅,2020-12-30.

伍建设。《湖北省生产安全事故应急实施办法》第十四条指出：乡镇人民政府和街道办事处、村（居）民委员会可以组织建立由成年志愿者组成的应急救援队伍。志愿服务机构参与应急救援工作，县级以上人民政府应当给予补助。《规划》结合湖北省基层应急队伍建设滞后的现状，提出在城镇建成区、工业园区全面建成"135快速救援圈"，即1分钟接警、3分钟出动、5分钟启动处置。在城郊和农村，积极推进区域应急救援站点建设，全面建成"15分钟快速响应救援圈"。

四是积极发展社会应急力量。《规划》提出重点培育25支社会救援力量，承担水上救援、山岳救援、工程抢险、航空救援、医疗救护、心理疏导等任务。成立省级社会应急救援协会，规范行业管理。

五是完善机制。《规划》提出要建立各类应急救援队伍共训共练、合作救援机制，提升协同应急救援水平和救援队伍战斗力，加强"院前急救"培训，开辟医疗急救"绿色通道"。

3. 加强应急救援基地建设

新修订的《中华人民共和国安全生产法》第七十九条规定：国家加强生产安全事故应急能力建设，在重点行业、领域建立应急救援基地。

应急救援基地是湖北省应急管理领域的短板。"十四五"期间将采取企业自建与政府扶持相结合的方式，促进专业应急救援基地规范化建设。

一是建设国家华中区域应急救援中心。该中心是6个国家级区域中心之一，是国家应对以防汛抗旱为主的特别重大灾害的专业性区域应急指挥中心和物资储备、调运基地，主要承担应对特别重大灾害时就近快速响应、组织专业救援、调运应急资源、协助灾区实施专业指挥协调等任务。

二是布局建设省级区域性应急救援基地。采取省、市共建模式，建设鄂东南、鄂西南、鄂西北3个省级应急救援基地。目前3个基地已被纳入《湖北省促进经济社会加快发展若干政策措施》《湖北省疫后重振补短板强功能"十大工程"三年行动方案》。

三是建设一批专业性应急救援基地。主要依托中国安能建设集团第三工程局武汉分公司等驻鄂央企及省内大型企业、工业园区建设一批省级自然灾害工程、危险化学品、水上和水下救援训练、隧道等专业性应急救援基地。

四是建设一批训练基地和小型应急救援基地。新（改、扩）建1个省级、16个市级消防救援训练基地。依托在鄂大型企事业单位、工业园区等，试点建设小型应急救援基地。

4. 加强航空应急救援能力建设

通用航空具有机型种类多、作业项目全、起降要求低、机动性强等特点，尤其是在短途客货运输方面比较方便、快捷、灵活，在抢险救灾、医疗救护和重大突发事件应急服务保障中优势明显。特别是自2020年新冠肺炎疫情爆发以来，通用航空以其"高频次、点对点、高时效"的运输特点，在我国抗击疫情工作中发挥了重要作用。据民航局官网信息显示，截至2020年3月18日，全国有140家通用航空企业参与，共出动963架航空器执行了345次疫情防控任务，累计飞行2 307.92小时、6992架次，运送相关人员63人次，运送各类药品和物资89.044 5吨，开展航空喷洒作业3208次，执行空中巡查任务914次，巡查面积4 880.728平方千米，执行空中拍照作业453次、空中广告作业640次。湖北地区共有43家通用航空企业使用128架航空器执行了71次疫情防控任务，累计飞行508.11小时、510架次，运送各类药品和物资78.385吨。但从通航企业参加抗击新冠肺炎疫情的实际情况来看，客观存在着"请战无门、参战无序、作战无力、续战无供"的现实困难，集中暴露了航空应急救援信息沟通不畅、组织工作无序、资源配置不当、设备设施不足的4个问题。① 推进航空应急救援必须明确固定渠道,建立统一的航空救援机制,普及通航运营,提高社会认知度,加强应急与航空设备、技能的融合,提高航空救援效能,广泛布设地面服务站点,提升航空救援地勤保障能力,加强应急救援航空体系建设。

> 要加强航空应急救援能力建设,完善应急救援空域保障机制。
> ——习近平在主持十九届中央政治局第十九次集体学习时的讲话,2019年11月29日

> 2021年3月25日,湖北省应急管理厅与民航湖北监管局签署航空应急救援联动工作机制合作协议,进一步深化在航空应急救援人才培养、物资运输、防汛抗旱、森林防灭火及处置地质灾害等方面的合作,完善应急救援空域保障机制,建立航空应急救援体系,标志着全省应急救援能力建设由单一陆地救援向"空地一体"救援转型升级。
> ——湖北日报,2020年3月26日

---

① 昝军,张昊. 后疫情时代湖北省应急救援航空体系建设[J]. 交通世界,2020(22):18-20.

国家应急管理部提出,结合航空应急救援任务的实际需求,建立应急响应、协调联动、飞行保障等各项机制,完善应急救援航空力量保障条件,提升航空应急救援能力。

《规划》提出以空中侦查勘察、空中指挥调度、空中消防灭火、空中紧急输送、空中搜寻救护、空中特殊吊载、空中应急通信、空中跨区救援等航空应急救援任务为牵引,重点强化5种能力:一是快速响应能力。灾情发生后实现快速响应、就近调动、有效展开救援。二是区域覆盖能力。构建应急救援航空力量和场站网络,实现对省内重特大自然灾害和事故灾难多发区全覆盖。三是综合救援能力。相关部门参与建设、共同使用航空应急资源,推动武当山、咸宁航空护林站向多灾种救援任务转变,建设恩施航空护林站,依托社会力量组建省级航空应急救援机队和专业救援队伍,加强与其他应急救援队伍、社会应急力量的协同配合,实现空中救援行动与地面救援行动一体化联合救援。四是联动保障能力。建立完善航空应急救援空域使用报备机制,场站、空管、气象、航油、航材等飞行保障工作高效顺畅,通用航空物资、器材储备满足区域应急救援需要。五是高效指挥能力。应急救援航空指挥体制机制健全完善,信息化低空监视和调度平台先进适用,实现对应急救援航空力量参加救援行动"看得见、叫得到、控得住"。

八、加强基层基础建设,提升城乡社区基层应急能力

基层应急是防范化解风险、处置灾害事故的第一道防线,也是应急管理体系建设的基础和重点。当前湖北省基层应急工作存在组织机构不健全、管理人员不足、专业水平不高、履职能力不强、群众参与积极性不高,乡镇(街道)应急管理工作缺专门机构、缺专职人员、缺工作经费、缺履职保障的问题比较普遍,城乡应急避难场所建设滞后,农村低设防、安全条件与乡村振兴战略不相适应等问

题,需要在组织机制、队伍力量、物资设施、基础保障等方面提高能力。

本部分重点从健全基层组织、加强基层治理、提升基层应急部门履职能力、加强应急避难场所建设、加强农村安全治理 5 个方面进行部署,全面提升基层应急能力。

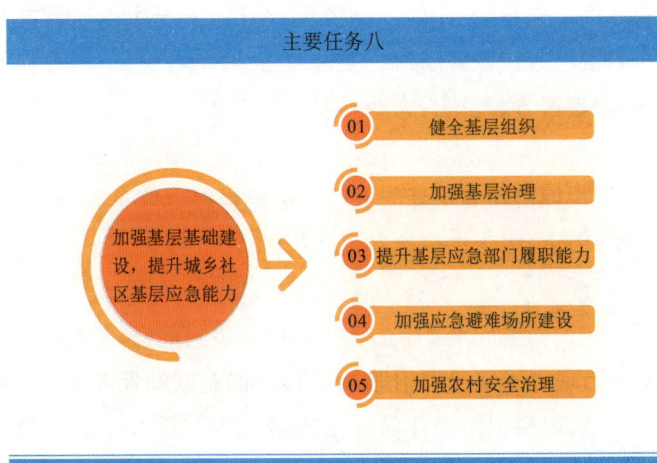

图 2-19　城乡社区基层应急能力建设任务示意图

1. 健全基层组织

《湖北省生产安全事故应急实施办法》第三条指出:乡镇人民政府和街道办事处、开发区(园区、港区)管理机构等人民政府派出机关以及国有农(林)场等功能区,应当明确应急管理工作机构,配备与工作需要相适应的工作人员,协助上级人民政府有关部门依法履行生产安全事故应急工作职责。

《中共湖北省委 湖北省人民政府关于深入推进安全生产领域改革发展的实施意见》第十一条指出:建立功能区和乡镇(街道)监管体系。全省各类开发区、国有农场、港区、风景区等功能区要明确安全生产监管机构,配备与工作需要相适应的工作人员,依法履行安全生产监管和执法职责。安全生产任务重的功能区应有专门机构和人员负责安全生产监管工作。各乡镇(街道)要明确安全生产监管机构,承担安全生产监督检查职责。安全生产工作任务重的乡镇(街道)在相关内设机构加挂安全生产监督管理办公室牌子,做到有机构、有人员、有经费、有装备、有办公场所。采取政府购买服务等方式,补充功能区和乡镇(街道)安全生产监管的辅助性工作力量。在行政村(社区)配备安全生产协管员,配合抓好宣传教育、隐患报告、违法行为劝导制止等工作。

《规划》提出:推动全省各乡镇(街道)在相关内设机构加挂应急办牌子,积极推动有条件的村(社区)建设综合应急服务站(点),组建乡镇(街道)综合性应急救援队伍。

2. 加强基层治理

基层治理是国家治理的基石,统筹推进乡镇(街道)和城乡社区治理,是实现国家治理体系和治理能力现代化的基础工程。习近平总书记强调,党的工作最坚实的力量支撑在基层,经济社会发展和民生最突出的矛盾和问题也在基层,必须把抓基层打基础作为长远之计和固本之策,丝毫不能放松。党的十九届四中全会《决定》提出坚持和完善共建共治共享的社会治理制度,强调构建基层社会治理新格局。

《中共中央 国务院关于加强基层治理体系和治理能力现代化建设的意见》指出:增强乡镇(街道)应急管理能力。强化乡镇(街道)属地责任和相应职权,构建多方参与的社会动员响应体系。健全基层应急管理组织体系,细化乡镇(街道)应急预案,做好风险研判、预警、应对等工作。建立统一指挥的应急管理队伍,加强应急物资储备保障。每年组织开展综合应急演练。市、县级政府要指导乡镇(街道)做好应急准备工作,强化应急状态下对乡镇(街道)人、财、物的支持。增强村(社区)组织动员能力。加强群防群治、联防联治机制建设,完善应急预案。在应急状态下,由村(社区)"两委"统筹调配本区域各类资源和力量,组织开展应急工作。改进网格化管理服务,依托村(社区)统一划分综合网格,明确网格管理服务事项。

《湖北省人民政府办公厅关于加快推进基层应急队伍建设的通知》指出:大力加强基层组织和单位应急救援力量建设。充分发挥街道、乡镇等基层组织和企事业单位的作用,建立群防群治队伍体系,加强知识培训。

《规划》结合国家和湖北省加强基层治理体系和治理能力现代化建设的要求,提出了4项具体任务。

一是开展基层应急能力标准化建设。重点推进乡镇(街道)开展以"一个指挥平台、一支救援队伍、一个物资储备点"为主要内容的"三个一"标准化建设。推进村(社区)开展以有专(兼)职管理人员、有救援队伍、有应急广播、有信息员、有经费保障为主要内容的"五有"标准化建设。

二是提升基层治理能力。建立"第一响应人"制度,加强乡镇(街道)、村(社区)和重点企事业单位灾害信息员队伍建设,落实业务培训、待遇保障等政策措施。

三是完善基层应急管理网格化体系。积极推动应急管理网格与既有网格在队伍建设、工作机制、工作绩效、信息平台等方面的对接和整合。

四是加强综合减灾示范单位创建。新创10个全国综合减灾示范县、50个省级综合减灾示范乡镇(街道)、500个省级综合减灾示范社区(村)。

3. 提升基层应急部门履职能力

《规划》重点从基础履职能力达标建设、基层装备保障能力、干部队伍专业能力培养、增强职业荣誉感4个方面提出了一系列举措。

一是开展基础履职能力达标建设。制定实施市、县两级应急管理部门基础履职能力需求保障清单,开展基础履职能力达标建设。

二是提升基层装备保障能力。按照有关标准,配齐应急管理综合行政执法队伍执法装备。

三是强化干部队伍专业能力培养。按照县级以上、乡镇(街道)应急管理干部业务知识培训每人每年分别不少于 80 学时、60 学时的标准,力争 2025 年底前县级以上应急管理机构专业人才占比不低于 60%。

四是增强职业荣誉感。健全社会尊崇应急管理职业的荣誉体系,按照中央和湖北省有关政策,落实应急管理部门津贴补贴、医疗救治、心理咨询、健康疗养、人身意外伤害保险等优待优抚政策和应急救援专项补贴,提升应急管理职业荣誉感和吸引力。

4. 加强应急避难场所建设

《中华人民共和国防震减灾法》第四十一条指出:城乡规划应当根据地震应急避难的需要,合理确定应急疏散通道和应急避难场所,统筹安排地震应急避难所必需的交通、供水、供电、排污等基础设施建设。《中共中央 国务院关于推进防灾减灾救灾体制机制改革的意见》指出:加强部门协调,制定应急避难场所建设、管理、维护相关技术标准和规范。充分利用公园、广场、学校等公共服务设施,因地制宜建设、改造和提升成应急避难场所,增加避难场所数量,为受灾群众提供就近就便的安置服务。《中共中央 国务院关于加强和完善城乡社区治理的意见》指出:要加强社区应急避难场所建设。国家减灾委员会办公室、国家应急管理部《关于加强基层应急能力建设,做好 2020 年全国防灾减灾日有关工作的通知》中指出:加强应急避难场所建设,因地制宜开展预案演练。各地区、各有关部门要充分利用公园、广场、城市绿地、学校、体育场馆等已有设施,改扩建或新建一批应急避难场所,满足辖区内居民紧急避险和临时安置等需求。在应急避难场所、关键路口等位置,设置应急标志或指示牌,张贴应急疏散路线图,方便居民快速抵达。

《湖北省突发事件应对办法》第十三条指出:城乡规划应当符合预防、处置突发事件需要,统筹规划应对突发事件所必需的基础设施。县级以上人民政府应当科学规划、合理确定应急疏散通道和应急避难场所并向社会公告。2021年5月,湖北省发展和改革委员会印发了《湖北省县城城镇化补短板强弱项工作实施方案》,指出:充分利用公园、广场、学校、人防工程、体育场馆等公共服务设施,加强城乡应急避难场所建设,推进自然灾害易发多发县、乡、村建设或改扩建高标准应急避难场所,增强城乡社区综合服务设施应急功能。

湖北省城乡社区应急避难场所数量较少,建设尚不规范,缺乏系统完善的制度和标准。为推进应急避难场所建设,《规划》提出了两项具体措施。

一是完善制度标准。制定城乡社区应急避难场所建设指导意见,明确基本功能和增强功能。加强应急避难场所一体化建设,完善供水、供电、排水、广播、消防、卫生防疫等生活服务和应急设施。

二是明确建设方式和数量。推动建设30个具备应急避险、物资储备、应急指挥和救援支持功能的城乡社区应急避难场所,支持各市(州)建设综合性和示范性应急避难场所。推进自然灾害易发多发县、乡、村新建或改扩建高标准应急避难场所。

5. 加强农村安全治理

乡镇与村庄是社会治理基本单元,是维护公共安全的主战场之一。农村地区相对幅员辽阔,灾害种类复杂,事故隐患多源,农村的安全问题既具有复杂性,也具有多样性与多发性。因此,在实施乡村振兴战略过程中,要统筹推进农业农村高质量发展与平安乡村建设,加强农业农村安全防范、风险防控和隐患治理,建立与农业农村发展水平相适应的安全治理体系和能力,打造幸福平安乡村。

《湖北省推进农业农村现代化"十四五"规划》明确提出:健全农房建设质量安全法律法规和监管体制,按照"应改尽改"原则,有力有序推进农村尤其是自然灾害高风险区危房改造、民居抗震加固和搬迁避让工程。《中共中央 国务院关于加强和完善城乡社区治理的意见》指出:强化社区风险防范预案管理,加强社区应急避难场所建设,开展社区防灾减灾科普宣传教育,有序组织开展社区应对突发事件应急演练,提高对自然灾害、事故灾难、公共卫生事件、社会安全事件的预防和处置能力。加强消防宣传和消防治理,提高火灾事故防范和处置能力,推进消防安全社区建设。

2021年3月2日,国家应急管理部召开部党委会议,强调要充分发挥职能作用助力全面推进乡村振兴。要协调有关方面全面排查农村道路、桥梁、建筑等存量安全风险隐患,认真研究乡村旅游、休闲农业和燃气下乡、农村电网建设等可能带来的增量安全风险,着力防范洪涝、滑坡、泥石流等自然灾害,切实加强县、乡、村应急管理组织体系、基础工程、重大设施等建设,以安全发展加快推动农业农村现代化。

《规划》提出要结合乡村振兴战略,从4个方面提升农村安全治理水平。

一是加强农村民居抗震加固和搬迁避让。推进平安乡村建设,推动自然灾害高风险区农村危旧房屋改造、民居抗震加固和搬迁避让工程。

二是加强农村道路灾害防御和保通能力。重点加强农村、山区,特别是地震、塌方、泥石流等自然灾害易发多发地区道路的建设、管理、养护,提高道路基础设施灾害防御和保通能力。

三是加强农村重点区域重点领域安全隐患治理。重点加强农村自建房施工改造、老旧房屋拆除、农村道路交通、溺水、用电、消防、取暖等重点领域,以及学校、敬老院、车站、商场、乡村旅游片区、休闲农业"打卡地"等人员密集场所安全隐患排查治理。

四是提升农村特殊群体应急避险能力。重点针对独居、空巢、留守老人及"五保户"、留守妇女儿童、残障人士等特殊群体,宣传普及交通、用火、用电等安全常识,提高安全风险辨识和应急避险能力。

九、推进共建共治共享,打造全社会应急管理共同体

党的十九届四中全会审议通过的《决定》提出了"社会治理共同体"的建设目标,强调要坚持和完善共建共治共享的社会治理制度,建设人人有责、人人尽责、人人享有的社会治理共同体,保持社会稳定、维护国家安全。

习近平总书记强调,要坚持群众观点和群众路线,坚持社会共治,完善公民安全教育体系,推动安全宣传进企业、进农村、进社区、进学校、进家庭,加强公益宣传,普及安全知识,培育安全文化,开展常态化应急疏散演练,支持引导社区居民开展风险隐患排查和治理,积极推进安全风险网格化管理,筑牢防灾减灾救灾的人民防线。

推进应急管理体系和能力现代化,必须顺应政府、市场、社会三者之间的关系变化,在坚持党委领导、政府主导的基础上,建立健全社会力量和市场力量广泛、高效参与机制,构建政府、市场、社会共同参与的应急管理共同体,形成各方协同配合的工作格局。一要加强应急文化建设,提升全民安全素质;二要加强社会动员,加强社会力量参与应急管理的政策法规、协调机制、服务平台建设,发挥社会力量在人力、技术、资金、装备等方面的优势,推动社

会力量积极参与现场救援、款物捐赠、物资发放、医疗救助、卫生防疫、心理抚慰、灾后恢复重建、技术服务、专业人才、安全培训、科技支撑、国际交流合作等工作,不断提高社会力量参与应急管理的信息对称性、供需匹配度、活动规范性,推进社会应急力量健康发展;三要完善市场参与机制,要强化市场主体的安全意识和应急能力,积极推进以巨灾保险为代表的市场参与机制建设,完善保险补偿机制,建立巨灾保险制度,利用市场力量做好应急管理工作;①四要培育发展应急服务体系,引导社会应急服务消费,推动应急服务专业化、市场化、规模化发展;五要加强舆情引导应对,引导媒体正面参与应急处置新闻报道;六要加强区域交流,吸收借鉴国内外、省内外先进经验做法,形成区域协同应急格局。

  本部分重点从应急文化建设、社会动员、市场参与机制、应急服务体系建设、舆论引导、交流合作6个方面提出了构建全社会应急管理共同体的具体举措。

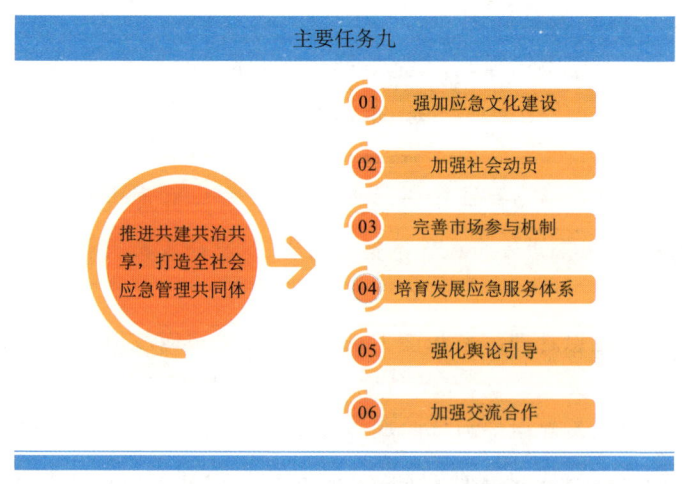

图2-20 共建共治共享体系建设任务示意图

---

① 钟开斌.以制度优势推进应急管理体制现代化[J].吉林劳动保护,2019(11):2.

1. 加强应急文化建设

应急文化是指人们在应急实践中形成的应急意识和价值观、应急行为规范以及外化的行为表现等。应急文化对群体中人们的应急行为起着持续的影响甚至决定作用。[①] 习近平总书记在中央政治局第十四次集体学习时强调:"要加强对人民群众的国家安全教育,提高全民国家安全意识。"加强安全教育,倡导和培育应急文化,是快速有效应对处置重大自然灾害、事故灾难等公共安全领域一系列突发事件的重要保障。

《中华人民共和国安全生产法》第十三条规定:各级人民政府及其有关部门应当采取多种形式,加强对有关安全生产的法律、法规和安全生产知识的宣传,增强全社会的安全生产意识。《中华人民共和国突发事件应对法》第二十九条规定:县级人民政府及其有关部门、乡级人民政府、街道办事处应当组织开展应急知识的宣传普及活动和必要的应急演练。居民委员会、村民委员会、企业事业单位应当根据所在地人民政府的要求,结合各自的实际情况,开展有关突发事件应急知识的宣传普及活动和必要的应急演练。新闻媒体应当无偿开展突发事件预防与应急、自救与互救知识的公益宣传。第三十条规定:各级各类学校应当把应急知识教育纳入教学内容,对学生进行应急知识教育,培养学生的安全意识和自救与互救能力。《国务院安全生产委员会办公室　应急管理部关于印发〈推进安全宣传"五进"工作方案〉的通知》对安全宣传进企业、进农村、进社区、进学校、进家庭提出了具体要求。

《规划》从丰富应急文化产品供给、加强安全宣传教育、完善宣传平台3个方面提出了加强应急文化建设的一系列措施。

---

①应急文化建设.[EB/OL].(2019-10-10)[2021-10-1].https://www.emer-info.cn/2019-10/10/c_1210306862.htm.

《湖北省应急体系"十四五"规划》解读

一是丰富文化产品供给。提出大力弘扬应急文化,打造湖北省应急文化符号,扩大优质应急文化产品供给,丰富公众应急体验,提升应急文化服务水平。推动应急文化数字化建设,建设安全生产和防灾减灾数字图书馆,支持移动端科普融合创作,促进科普宣传教育智慧化发展。

二是加强安全宣传教育。组织开展"安全生产月""全国防灾减灾日""消防安全宣传日""安全生产楚天行""应急管理普法知识竞赛"等活动,提升全民安全素质。扎实推进安全宣传进企业、进农村、进社区、进学校、进家庭,增强公众风险防范、安全应急意识和自救互救能力。加强学生安全知识教育。

三是完善宣传平台。按照"上下贯通、综合覆盖、可管可控、分级负责、平急结合、安全可靠"的要求,建成省、市、县三级应急广播平台,推进农村广播"村村响"工程和"云广播"工程,实现全省应急广播终端行政村全覆盖,推动应急知识宣传普及化和灾害风险预警常态化。

该项任务设置"安全宣传'五进'重点"专栏一个,"进企业"重点强调将安全宣传教育纳入企业日常管理,推动企业创建安全文化,建设安全诚信体系。"进农村"重点强调完善农村安全宣传"四有"工作机制,开展综合减灾示范社区(村)创建。"进社区"重点强调将安全宣传纳入各级各类示范活动创建,将安全元素融入社区公园、广场等。"进学校"重点强调将安全教育纳入平安校园创建,在课堂教学、社会实践、班级活动中落实安全教育内容,组织师生开展安全应急疏散演练。"进家庭"重点强调利用电视、广播、网络等普及家庭安全常识,引导家庭储备简易应急物资等。

2. 加强社会动员

社会动员作为应急管理的有效途径和重要方式,是推进我国社会治理体系和治理能力现代化的内在要求,社会力量已成为现代应急管理不可或缺的重要组成部分。① 新冠肺炎疫情发生以来,我国举国行动,全民动员,采取了最彻底、最严格的防控举措,打响了疫情防控的人民战争,各行各业、各种社会资源和社会力量都被动员起来,在打赢疫情防控阻击战中发挥了重要作用。但是由于制度、管理方式、技术等方面的问题,社会应急动员还存在着诸多不足,主要表现在政府对社会动员重视程度不够、缺乏相应监督和保障机制、缺乏长效的动员机制、应急需求与动员资源难以匹配、公众缺乏应急实战能力等。② 湖北省在此次疫情防控中也切实体会到了上述问题。

据不完全统计,"动员"一词在相关法律、条例中共出现 17 次,在国家层面各类突发事件应急预案中共出现 38 次,平均频数达到 3 次,可见加强社会动员对应急管理工作的重要性。③《中华人民共和国突发事件应对法》第六条指出"国家建立有效的社会动员机制",第四十五条指出"动员后备人员做好参与应急救援和处置工作的准备"。《"十四五"国家应急体系规划》提出完善救灾资源动员机制、健全社会紧急运输力量动员机制等,并从制定政策、开展调查、建立平台、完善机制、加强保障等方面部署了发展社会应急力量的一系列举措。《应急管理部 民政部关于进一步推进社会应急力量健康发展的意见(征求意见稿)》从自身管理、协调调用、服务保障、能力建设 4 个方面提出了 19 项政策措施,以期搭建更规范的社会应急力量服务平台,为社会应急力量参与救援行动提供更便捷的保障条件,完善社会应急力量与各级应急管理部门协同机制。

---

① 王琳.浅议应急管理中的社会动员[J].新西部,2018(32):96-98.
② 同①.
③ 徐明,郭磊,任韬.疫情防控中基层应急社会动员的逻辑、机制与优化策略[J].河海大学学报(哲学社会科学版),2020,22(3):40-51.

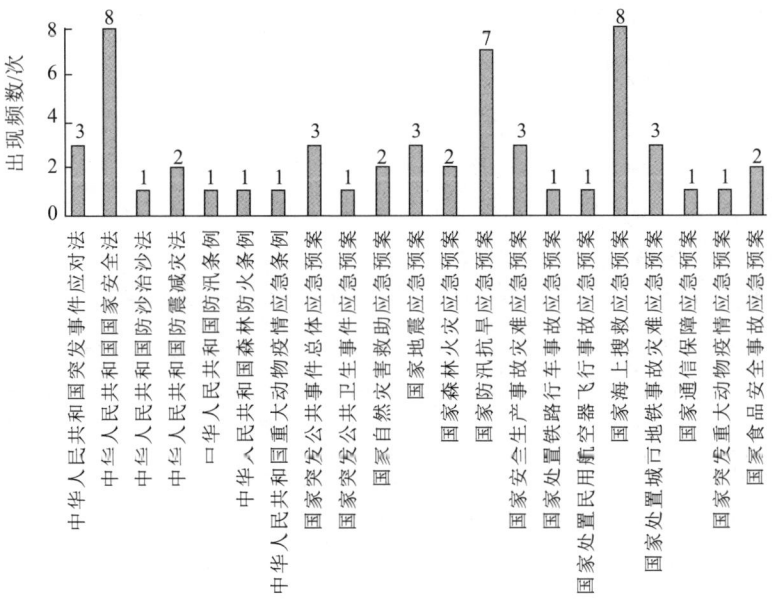

图 2-21 "动员"在国家突发公共事件应急相关法律、条例及
预案中出现的频数分布(据徐明等,2020)①

　　为进一步完善湖北省社会应急动员机制,提升动员能力,《规划》专门设置此项具体任务,主要包括以下几个方面内容:一是制定政策、完善机制。二是开展摸底调查。三是加强动员。以"有序、有效"为目标,加强社会应急力量动员,推动社会力量积极参与现场救援、专业保障、款物捐赠、物资发放、医疗救助、心理抚慰、灾后恢复重建、技术服务、安全培训、科技支撑等工作。四是加强社会应急力量管理。

---

① 徐明,郭磊,任韬.疫情防控中基层应急社会动员的逻辑、机制与优化策略[J].河海大学学报(哲学社会科学版),2020,22(3):40-51.

3. 完善市场参与机制

重大突发事件的应对,需要在极短时间内使整个公共应急系统的能力达到最大化,为此,政府需要将储存于市场中的能力有效激发出来。①《中共中央 国务院关于推进安全生产领域改革发展的实施意见》《中共湖北省委 湖北省人民政府关于推进安全生产领域改革发展的实施意见》均明确指出,要"发挥市场机制推动作用"。

《规划》主要从企业安全生产诚信体系建设、安全生产责任保险、巨灾保险3个方面,完善全省应急管理市场参与机制。

一是加强企业安全生产诚信体系建设。党的十八届五中全会提出,要完善社会信用体系。推进安全生产诚信体系建设,是督促落实安全生产责任制的重要途径。《国务院安全生产委员会关于加强企业安全生产诚信体系建设的指导意见》(安委〔2014〕8号)指出,要建立安全生产承诺制度、安全生产不良信用记录制度、安全生产诚信"黑名单"制度、安全生产诚信评价和管理制度,建立企业安全生产诚信激励和失信惩戒机制。《中共湖北省委 湖北省人民政府关于推进安全生产领域改革发展的实施意见》第二十五条指出:加强安全生产诚信体系建设,完善企业安全生产不良记录"黑名单"制度。"十三五"期间,湖北省安全生产诚信体系建设取得了较好进展,对督促企业落实安全生产责任制、切实防范化解重大安全风险方面发挥了极其重要的作用。《规划》认真贯彻落实上述文件精神,提出:加强企业安全生产诚信体系建设,完善企业安全生产承诺、不良信用记录、诚信"黑名单"等制度,对诚实守信企业开辟"绿色通道",在相关安全生产行政审批等工作中优先办理;

---

① 林鸿潮. 公共应急管理中的市场机制:功能、边界和运行[J]. 公共管理,2015(3):112-115.

对失信企业实施重点监管监察,推动信用信息互联互通和综合应用。

二是推动落实安全生产责任保险。通过发挥安全生产责任保险在安全生产中的经济补偿和社会管理功能,有助于提升全省安全生产管理与保障能力。《中华人民共和国安全生产法》第五十一条规定:国家鼓励生产经营单位投保安全生产责任保险;属于国家规定的高危行业、领域的生产经营单位,应当投保安全生产责任保险。《中共湖北省委 湖北省人民政府关于推进安全生产领域改革发展的实施意见》第二十五条指出:发挥市场机制推动作用。大力推行安全生产责任保险制度,在矿山、危险化学品、烟花爆竹、交通运输、建筑施工、民用爆炸物品、金属冶炼、渔业生产等高危行业领域和其他行业领域的高风险岗位强制实施。充分发挥安全生产责任保险差别费率和浮动费率杠杆作用,推动企业加强安全管理。湖北省人民政府办公厅于2020年4月26日出台了《关于印发高危行业领域强制推行安全生产责任保险实施方案的通知》(以下简称《实施方案》),根据《实施方案》,目前该项工作正在依法有序推进。《规划》提出在高危行业领域强制推行安全生产责任保险,督促保险公司为投保的生产经营单位提供事故预防服务。

三是建立巨灾保险分担机制。《中华人民共和国突发事件应对法》第三十五条规定:国家发展保险事业,建立国家财政支持的巨灾风险保险体系,并鼓励单位和公民参加保险。2020年4月,湖北省出台《湖北省巨灾保险试点方案》,因暴雨、洪涝,以及由此引发的突发性滑坡、泥石流等地质灾害、水库溃坝、内涝等次生灾害,造成人身死亡、农村住房倒损和大宗农产品绝收或死亡,保险公司按照合同约定进行赔付。保费由省、市、县三级,按照60%、5%、35%相应比例承担,个人无需缴款。截至2020年7月20日,巨灾保险32个试点县(市、区)中已有21个触发巨灾保险理赔标准,初步估损超6000万元,相关承保公司已支付赔款1493万元。① 从实施情况来看,巨灾保险在灾害中发挥了重要保障作用。《规划》提出,探索建立多渠道多层次的巨灾风险分担机制,扩大巨灾保险试点,结合地方特点完善巨灾保险方案和产品。同时,结合山东、江苏等地灾害综合民生保险实施情况,《规划》提出探索推行灾害民生综合保险,完善农村住房保险,试点推进应急费用补偿保险。

4. 培育发展应急服务体系

随着经济发展、社会进步和公众安全意识提高,社会各方对应急服务的需求不断增长。专业应急服务能为防范和应对突发事件提供技术支撑和专业服务,提升基础设施和生产经营单位本质安全水平,提升突发事件应急救援能力,提升全社会抵御风险能力,培育发展应急服务体系对于保障人民群众生命财产安全、维护公共安全具有重要意义。

为深入实施《中国制造2025》,贯彻落实国务院办公厅印发的《关于加快应急产业发展的意见》《国家突发事件应急体系建设"十三五"规划》等要求,2017年中华人民共和国工业和信息化部印发的《应急产业培育与发展行动计划(2017—2019年)》指出:促进应急服务专业化、社会化、规模化发展。围绕突发事件风险评估与预警、隐患排查与治理救援服务等领域,坚持社会效益优先,发挥政府购买服务的引导作用,强化社会保险等工具运用,重点发展应急管理支撑服务、应急专业技术服务、社会化应急救援服务三类标志性应急服务。

湖北省应急服务体系发展缓慢,应急服务专业化、社会化、规

---

① 湖北:21个试点县市触发巨灾保险理赔标准[EB/OL].(2020-7-28)[2021-10-5].https://hb.ifeng.com/a/20200728/14426624_0.shtml.

模化程度普遍不高,面对日益增长的应急服务需求,继续培育发展应急服务体系,发展应急服务产业。《规划》根据国家相关文件要求,提出发展安全生产技术服务、自然灾害技术服务和社会化应急救援,并纳入政府购买服务目录。安全生产技术服务包括风险评估、隐患排查、检验检测认证、安保技术、安全教育培训、消防技术服务等;自然灾害技术服务包括自然灾害防治技术、应急测绘技术服务等;社会化应急救援包括航空救援、道路救援、水上救援、应急物流、应急演练服务等。支持与生产生活密切相关的应急服务机构发展,引导社会力量以多种形式提供应急服务,促进应急服务专业化、市场化、规模化。加强监督检查,规范从业行为,促进公平竞争。

5. 强化舆论引导

突发事件舆论引导关系经济社会发展大局,是国家治理体系的重要组成部分。引导有力有效,就能推进突发事件处置,提高政府公信力,维护社会和谐稳定;引导失策失当,就会产生舆情次生灾害,小事酿成大祸,给全局带来损失。只有正确认识和充分发挥舆论引导作用,才能化危为机、取得主动。党的十九大报告指出,要"坚持正确舆论导向,高度重视传播手段建设和创新,提高新闻舆论传播力、引导力、影响力、公信力"。党的十九届四中全会《决定》指出,"健全重大舆情和突发事件舆论引导机制",对突发事件舆论引导工作提出了明确要求。

第二章 《规划》主要内容解读

> 历史和现实都告诉我们,舆论的力量绝不能小觑。舆论导向正确是党和人民之福,舆论导向错误是党和人民之祸。好的舆论可以成为发展的"推进器"、民意的"晴雨表"、社会的"黏合剂"、道德的"风向标",不好的舆论可以成为民众的"迷魂汤"、社会的"分离器"、杀人的"软刀子"、动乱的"催化剂"。
>
> 党的新闻舆论工作是党的一项重要工作,是治国理政、定国安邦的大事,要适应国内外形势发展,从党的工作全局出发把握定位,坚持党的领导,坚持正确政治方向,坚持以人民为中心的工作导向,尊重新闻传播规律,创新方法手段,切实提高党的新闻舆论传播力、引导力、影响力、公信力。
>
> ——习近平在党的新闻舆论工作座谈会上的讲话,2016年2月19日

《规划》主要从健全突发事件舆论引导工作长效机制、完善新闻发布制度、构建突发事件舆论引导新格局3个方面部署突发事件舆论引导工作。

一是要健全突发事件舆论引导工作长效机制。按照《中华人民共和国突发事件应对法》等法律法规要求,制定应急预案,将舆论引导工作作为重要内容列入其中。国务院办公厅2016年11月公布的《〈关于全面推进政务公开工作的意见〉实施细则》指出,重大突发事件发生后,事件处置部门要建立与宣传、网信等部门的快速反应机制和协调联动机制,加强与有关新闻媒体和网站的沟通联系,着力提高回应的及时性、针对性、有效性。《规划》提出制定突发事件舆情应对预案,健全应急、宣传、网信、公安等相关部门联动机制,协同开展舆情引导工作,及时回应社会关切。

二是完善新闻发布制度。新闻发言人是做好突发事件舆论引

导工作的重要力量和制度安排,作为新闻的发布者、阐述者,新闻发言人应具备一定的业务能力和工作技巧,要加强对新闻传播、媒体运作、工作技巧的培训。《规划》提出要完善突发事件新闻发布机制和快速反应机制,完善应急新闻发言人制度,加强新闻发言人对新闻传播、媒体运作、工作技巧、媒体应对能力培训,牢牢把握突发事件舆论引导的主动权和主导权。

三是构建突发事件舆论引导新格局。加强与主流媒体的沟通与合作,强化信息发布的专业性和权威性,及时、主动、准确地向社会通报相关信息。推动省、市、县三级应急管理机构融媒体软硬件建设。利用大数据加强舆情监测预警和深度研判。

6. 加强交流合作

人类社会面临的公共安全形势,呈现出多灾频发、并发,灾害衍生蔓延等特点。一些危机事件及其影响,常常超越行政区域和国界。加强应急管理领域的交流与合作,相互学习借鉴,互相取长补短,既是提高各地应急管理能力水平的重要途径,也是区域范围内共同应对人类面临的各种危机和挑战的迫切需要。应重点加强信息沟通交流,提高预测预警预防能力;合作推动应急科学技术和装备发展,提高科学应急水平;加强跨区域、跨行业领域的合作协调,协同应对各类重特大突发事件;相互借鉴强化防灾和应急基础设施建设的经验,不断提高应急基础能力建设水平;切实加强人员互派互访和教育培训等,共同提升风险防范和灾害应对教育培训的水平。

> 中华人民共和国政府在突发事件的预防、监测与预警、应急处置与救援、事后恢复与重建等方面,同外国政府和有关国际组织开展合作与交流。
> ——《中华人民共和国突发事件应对法》第十五条,2007年11月1日起施行

湖北省是国家"一带一路"倡议、长江经济带战略、中部地区高质量发展战略的重要省份,应加强与战略实施相关国家和省份的交流与合作。《规划》提出要积极学习借鉴国内外先进的安全生产、防灾减灾救灾、应急救援理念和关键科技成果,加大与中部地区省份交流力度,建立灾情信息、救灾物资、应急装备、应急通信保障、救援力量、专家资源等方面的区域协同机制,推动安全生产和防灾减灾抗灾救灾领域的合作共享。

第四节 重点工程

《规划》瞄准应急管理两大职责,围绕九大主要任务,按照补短板、打基础、管长远的总体思路,确定了3类10项重点工程。第一类是补短板类,包括应急救援基地建设工程、应急物资保障能力提升工程、应急管理信息化建设工程、应急装备现代化提升工程、城乡综合风险监测预警中心建设工程5项重点工程。第二类是打基础类,包括自然灾害防治能力建设工程、专业应急救援队伍建设工程、"工业互联网+安全生产"建设工程3项重点工程。第三类是管长远类,包括应急救援航空体系建设工程、应急科普教育基地建

设工程2项重点工程。

一、应急救援基地建设工程

该项工程是《规划》主要任务第27项"加强应急救援基地建设"重点建设内容的细化,是补齐湖北省应急救援基础设施短板的重要基础工程之一。重点建设国家华中区域应急救援中心,鄂东南(黄冈)、鄂西北(襄阳)、鄂西南(宜昌)3个省级区域应急救援基地和一批社会应急救援基地。

国家华中区域应急救援中心是国家在全国布局建设的6个区域中心之一,是国家应对特别重大灾害的专业性区域应急指挥中心和物资储备、调运基地,辐射湖北、安徽、江西、湖南、河南、江苏六省,已列入湖北省疫后重振补短板强功能"十大工程"。该项目采取部省共建的方式,主要建设汉南主功能区和洪湖水上救援训练基地,根据应急救援功能要求及基地特征,两处基地进行差异、互补建设。汉南主功能区重点打造集应急指挥协调、物资装备储备、航空保障投送、教学培训及基础训练等功能于一体的综合性功能区;洪湖水上救援训练基地主要保障洪涝灾害综合实战演练及水域综合救援训练条件,设置陆地业务综合区及水域救援综合训练区两个子功能区。

省级区域应急救援基地。该项目已列入湖北省疫后重振补短板强功能"十大工程",采取省市共建模式,分区域重点在鄂东南(黄冈)、鄂西北(襄阳)、鄂西南(宜昌)建设3个省级区域应急救援基地,重点建设"一个机构、四个中心",即基地应急指挥部,综合救援中心、物资储备中心、培训演练中心、航空保障中心。

社会应急救援基地。主要依托驻鄂央企建设一批省级自然灾害工程、危险化学品、水上和水下救援训练、隧道等专业性应急救援基地。

二、应急救援航空体系建设工程

该项工程是《规划》主要任务第 28 项"加强航空应急救援能力建设"重点建设内容的细化,是提升湖北省航空应急救援能力的重要支撑。

健全完善的国家航空应急救援体系是营造和谐、安全、稳定社会环境的重要保障,也是以人为本、全面提升国家治理能力和促进治理体系现代化的重要方面。习近平总书记在国产大型水陆两栖飞机 AG600 水上首飞成功的贺电中明确提出,要"继续为满足我国应急救援体系和国家自然灾害防治体系建设需要、实现建设航空强国目标而奋斗"。2020 年 6 月,经国家应急管理部同意,湖北省被纳入应急救援航空体系建设试点,并确定围绕鄂州花湖机场、武汉汉南机场、荆门漳河通航机场等航空应急资源,抓好应急救援航空网络建设、应急救援关键力量打造等重点任务。

根据《湖北省应急救援航空体系建设规划》,重点建设"311"工程(3 张网、1 支队伍、1 套规范),即航空应急救援低空空域监视调度网、低空飞行空中通道网、航空应急救援地面保障网,一支常态化备勤、市场化运营、机型齐全、管理规范的省级航空应急救援机队,一套规范的政策制度和标准规范。

三、应急物资保障能力提升工程

该项工程是《规划》主要任务第 13、14 项重点建设内容的细化,是健全湖北省应急物资保障体系的重要基础保障,旨在建设一批物资储备库,形成覆盖省、市、县、乡、村五级的物资储备体系和智能化应急物资供应链管理平台。

重点建设华中区域应急物资供应链与集配中心,包括"三中心一平台",即华中区域应急物资储备中心、高端应急救援装备集配中心,应急物资供应链中心和捐赠物资管理平台。在武汉、黄石、十堰、荆州、荆门、孝感、咸宁、随州、恩施等市(州)建设一批市级应急物资储备库。全省各县(市、区)至少建设 1 个县级应急物资储备库(点)。有条件的、交通不便或灾害多发的乡镇(社区)建设应急物资储备点。建设国家区域性公路交通应急装备物资储备(湖北)中心和省公路交通应急装备物资储备中心两个交通领域专业装备物资储备中心。

四、应急管理信息化建设工程

该项工程是《规划》主要任务第 9 项"提升应急管理信息化水平"重点建设内容的细化,旨在通过建设应急管理基础设施场所、融合通信网络、多源数据治理、应用赋能支撑、业务信息系统、综合安全保障和智能运行维护等一批信息化项目,提升全省应急管理系统应急通信、指挥调度、数据治理、业务管理、运行保障能力,为"智慧应急"建设奠定基础。

五、专业应急救援队伍建设工程

该项工程是《规划》主要任务第 26 项"加强应急救援队伍建设"重点内容的细化,旨在结合湖北省各地灾害事故特点,依托在鄂央企及大型企业、工业园区,布局建设一批省、市、区域级专业应急救援队伍,全面提升全省应急救援能力。通过该工程的实施,实现 6 个全覆盖:重点化工地区危险化学品事故救援队伍全覆盖、矿山集中地区矿山应急救援队伍全覆盖、洪涝灾害严重地区省级防汛抗旱应急救援队伍全覆盖、地质灾害易发地区地质灾害救援队伍全覆盖、火灾高风险县级行政单位森林消防队伍全覆盖、航空应急救援能力省域全覆盖。

六、自然灾害防治能力建设工程

该项工程是《规划》主要任务第 21、22、23 三项重点建设内容的细化。

自然灾害风险普查工程旨在落实第一次全国自然灾害综合风险普查任务,查明全省灾害风险底数,建立全省自然灾害综合风险与减灾能力数据库,按要求编制省级 1∶250 000、市县级 1∶100 000～1∶10 000 自然灾害系列综合风险图和自然灾害综合防治区划图。自然灾害综合治理工程旨在加强对全省自然灾害易发区实施工程治理,重点包括地震易发区房屋加固,地质灾害高发区域监测站点建设,地质灾害易发县市地质灾害治理,重要支流和中小河流、湖泊、水库、涵闸等防汛抗旱能力建设项目,森林火灾易发区森林防灭火能力建设项目等。

七、应急科普教育基地建设工程

该项工程是《规划》主要任务第 34 项"加强应急文化建设"重点建设内容的细化,旨在采取"行业＋属地""新建＋扩建""整合＋提升"等方式,在全省建设一批应急科普教育基地,提升全社会应急意识。重点在 17 个市(州)各建设一个应急科普教育基地(或体验场馆),建设湖北浠水应急管理教育实践综合体,建设湖北黄冈应急管理职业技术学院应急救援产教融合实训中心等。

八、"工业互联网＋安全生产"建设工程

该项工程旨在提升全省安全生产智能化水平。重点实施《"工

业互联网＋安全生产"行动计划（2021—2023年）》，通过建设5种新型能力，构建基于工业互联网的安全感知、监测、预警、处置及评估体系，提升工业企业安全生产数字化、网络化、智能化水平，培育"工业互联网＋安全生产"协同创新模式，扩大工业互联网应用，提升安全生产水平。

九、应急装备现代化提升工程

该项工程旨在补齐湖北省应急装备短板，提升应急指挥、应急救援水平。其中装备达标示范建设，重点制定各级各类应急救援队伍装备配备基本标准，加快先进适用应急装备工程化应用；通信保障装备建设，重点为应急管理部门及应急救援队伍配备信息采集类装备、信息传输类装备、现场指挥类装备、配套保障类装备，提升现场通信指挥和应急救援能力；关键设备推广应用工程，重点在于探索新型智能装备应急救援实战应用模式，根据应急救援队伍专业特点选配"硬核"装备，提升重大灾害事故应急救援能力。

十、城乡综合风险监测预警中心建设工程

该项工程旨在结合各地智慧城市建设和运营实际，重点建设集综合风险监测预警、风险感知网络建设、科技研发创新、科研成果转化、应急细分领域产业孵化等功能为一体的综合风险监测预警中心，从而提高湖北省城乡重大风险防控与突发事件处置能力，推动形成共建共治共享的城乡公共安全治理新格局。

第五节　保障措施

　　一分部署,九分落实。《规划》全面贯彻落实习近平总书记关于应急管理工作的系列重要论述和重要指示批示精神,以及《"十四五"国家应急体系规划》和《湖北省国民经济和社会发展第十四个五年规划和二〇三五年远景目标纲要》的目标要求、任务部署,是湖北省抓住"六期叠加"战略机遇,实现应急管理事业高质量发展的行动指南。只有进一步加强组织领导,完善规划实施机制,确保重大举措、重大工程落地见效,才能切实把党中央的主张和中共湖北省委、湖北省人民政府的工作要求转化为经济社会安全发展实效。

第三章 《规划》贯彻实施

《规划》明确了"十四五"时期湖北省应急体系建设的指导思想、基本原则和总体目标,聚焦安全生产、防灾减灾抗灾救灾、应急救援三大业务板块,明确了重点领域和主攻方向,提出了主要任务和重点工程,是"十四五"期间全省应急管理工作的重要指导性文件。要把《规划》实施作为全面提升应急管理能力的重要契机,认真谋划应急管理工作思路,抓紧抓实各项工作措施,切实增强人民群众的获得感、幸福感、安全感,为服务湖北"建成支点、走在前列、谱写新篇"营造安全稳定的社会环境。

一要加强组织领导。把推动应急管理体系和能力现代化作为一项重要任务,根据《规划》,制定切实有效的实施方案和年度工作计划,对照《规划》目标,细化分工,落实责任,明确完成各项任务和重大工程的时间节点、阶段目标,确保如期实现。部门专项规划、市(州)应急规划要与《规划》目标、任务、工程充分衔接,确保落实见效。同时要加强《规划》的宣传,动员和引导全社会力量共同推进《规划》落实。

二是加强要素保障。按照短期调控目标服从长期发展目标、短期调控政策服从长期发展政策、公共财政服从和服务于公共政策的要求,坚持规划定方向、财政作保障、金融为支撑、其他政策相协调的原则,着力构建《规划》与宏观政策等要素协调联动机制。重大工程项目是《规划》实施的有力支撑和重要抓手,必须坚持项目跟着规划走、资金和要素跟着项目走,把重大工程项目纳入国土空间规划项目库,依据《规划》制定重大工程项目清单,对清单内工程项目简化审批核准程序,优先保障选址、土地供应和资金需求。

三是加强考核评估。将《规划》任务落实情况纳入安全生产和消防工作年度考核,作为对全省各地、各部门工作督查和考核评价的重要内容。同时纳入有关部门、地方领导班子和干部评价体系,作为改进政府工作的重要依据。湖北省应急管理厅作为《规划》实施的牵头部门,适时开展《规划》实施情况的年度监测、中期评估和总结评估,分析实施进展情况及存在问题,并提出改进措施,及时公布进展情况报告,督促各地、各部门及时保质保量完成《规划》制定的主要任务。

附　录

湖北省应急体系"十四五"规划

- 一、现状和形势 ·· 112
  - (一)取得的成效 ·· 112
  - (二)问题和挑战 ·· 114
  - (三)发展的机遇 ·· 116
- 二、总体要求 ·· 117
  - (一)指导思想 ·· 117
  - (二)基本原则 ·· 118
  - (三)主要目标 ·· 118
- 三、主要任务 ·· 120
  - (一)深化体制机制改革,建立健全应急指挥体系 ············ 120
  - (二)加强法规标准建设,健全应急管理法治体系 ············ 122
  - (三)集聚创新发展要素,完善人才科技支撑体系 ············ 124
  - (四)强化采供储运管理,健全应急物资保障体系 ············ 127
  - (五)加强安全生产管理,提高防范化解重大风险能力
    ·· 129
  - (六)加强自然灾害防治,全面提升防灾减灾救灾能力
    ·· 134

(七)强化救援力量建设,提升灾害事故应急处置能力 ………………………………………………… 137

(八)加强基层基础建设,提升城乡社区基层应急能力 ………………………………………………… 139

(九)推进共建共治共享,打造全社会应急管理共同体 ………………………………………………… 141

四、重点工程 …………………………………………… 144

 (一)应急救援基地建设工程 ……………………… 144

 (二)应急救援航空体系建设工程 ………………… 145

 (三)应急物资保障能力提升工程 ………………… 146

 (四)应急管理信息化建设工程 …………………… 146

 (五)专业应急救援队伍建设工程 ………………… 147

 (六)自然灾害防治能力建设工程 ………………… 148

 (七)应急科普教育基地建设工程 ………………… 150

 (八)"工业互联网+安全生产"建设工程 ………… 150

 (九)应急装备现代化提升工程 …………………… 151

 (十)城乡综合风险监测预警中心建设工程 ……… 152

五、保障措施 …………………………………………… 152

 (一)加强组织领导 ………………………………… 152

 (二)加强经费保障 ………………………………… 152

 (三)加强考核评估 ………………………………… 153

《湖北省应急体系"十四五"规划》解读

应急管理是国家治理体系和治理能力的重要组成部分。为推进我省应急管理体系和能力现代化,根据《"十四五"国家应急体系规划》《湖北省国民经济和社会发展第十四个五年规划和二〇三五年远景目标纲要》等要求,结合我省实际,制定本规划。规划期限为2021—2025年。

一、现状和形势

(一)取得的成效

"十三五"期间,全省各地、各部门认真贯彻落实习近平总书记关于应急管理重要指示批示、重要论述和视察湖北重要讲话精神,全面落实党中央、国务院决策部署,坚决防范化解重大安全风险,及时应对各类灾害事故,较好地完成了全省应急管理领域"十三五"相关规划提出的主要指标任务,实现了应急管理事业改革发展良好开局。

1. "大应急"组织体系初步形成。2018年,根据《湖北省机构改革方案》,组建湖北省应急管理厅。2019年,市、县两级应急管理局完成组建,并由担任本级党委常委的政府领导分管应急管理工作。率先在全国成立19个省级安全生产专业委员会,建立了安全生产委员会统筹抓总、各专业委员会分线协调的工作机制。探索建立防汛抗旱"四双"指挥体系。调整充实"三委三部"议事协调机构,初步建立信息共享、会商研判等运行机制。全省应对全灾种的应急管理体系初步形成。

2. 基层基础逐步夯实。制修订《湖北省安全生产条例》《湖北省安全生产党政同责暂行办法》等地方性法规、规章和规范性文件,法治建设逐步完善。支持创建299个国家级综合减灾示范社区、10个省级综合减灾示范县、700个省级综合减灾示范社区、30个省级城市社区应急避难场所,建立省、市、县、乡、村五级灾害信息员数据库,人数达3.88万人,防灾减灾能力逐步加强。登记建档42支专业救援队伍、33支社会救援队伍,与相关单位签订应急救援、技术保障协议,与中部战区驻鄂部队、省军区建立军地联动机制,充分发挥综合性消防救援队伍主力军作用,救援力量梯次互补格局初步形成。面对突发疫情,对三类"停不得"企业、四类重点场所,制定"一企(场所)一策",实施远程服务、上门指导、定点执勤,全面排查隐患,疫情应对和安全风险防控有效统筹。"237"重大项目和信息化、森林火灾应急能力等应急补短板工程,列入中央支持湖北一揽子政策重点工作清单,其中"237"重大项目纳入全省疫后重振补短板强功能"十大工程"三年行动方案,"大应急"能力建设全面起步。

3. 安全生产形势稳中向好。"十三五"期间,全省共发生生产安全事故9634起,死亡7519人,受伤4735人,直接经济损失16.69亿元。"十三五"末(2020年)全省生产安全事故起数、死亡人数、亿元GDP事故死亡率较"十二五"末(2015年)分别下降79.4%、38.0%、56.9%。安全生产"一票否决"制度、煤矿整顿关闭、金属非金属矿山和尾矿库综合治理、危险化学品企业关改搬转及提档升级、公路安全防护工程建设、"两客一危"车辆视频监控等工作取得明显成效。"十三五"期间,在国务院安全生产委员会对省级政府安全生产和消防工作年度考核中,我省连续3年获优秀等次。

4. 防灾减灾救灾成效明显。"十三五"期间,全省自然灾害受灾人口7 474.45万人次,与"十二五"期间相比下降16.05%。森林火灾起数下降34.5%,未发生重大以上火灾事故。地质灾害造成伤亡人数下降25.5%。2020年成功应对1998年以来最严峻洪涝灾害。完善灾害救助机制,有序开展抗灾救灾工作,"十三五"期间,共组织因灾倒损民房重建3.22万户、修缮6.83万户、救助1 703.84万人次。

"十三五"规划主要指标完成情况对比表

指标名称	2015年	2020年	目标值（降幅）	完成情况（降幅）
生产安全事故起数	7203起	1486起	15%	79.4%
生产安全事故死亡人数	1720人	1067人	15%	38.0%
重特大事故起数	0	0	—	—
重特大事故死亡人数	0	0	—	—
生产安全事故死亡率	0.058	0.025	30%	56.9%

(二)问题和挑战

当前和今后一个时期,我国发展进入各种风险挑战不断积累甚至集中显露时期,应急管理体系建设处于开拓新局关键期、重塑提升创业期、风险防控攻坚期。我省应急管理体系建设起步晚、基础弱、底子薄,防范化解重大安全风险、有效应对各类灾害事故仍然面临诸多挑战。

1. 灾害事故形势严峻复杂。 安全生产形势虽然总体平稳,但仍复杂多变。"十三五"期间全省生产安全事故共造成7519人死亡,其中道路运输事故造成5952人死亡,建筑施工事故造成790人死亡,每天发生火灾近40起。自然灾害防治压力大,每年造成直接经济损失超过289亿元,全省50%的国土面积是地质灾害中高易发区,"十三五"期间平均每年发生地质灾害600起,平均每

4.5年发生一次大洪水,63%的县市属于森林火灾高风险区。灾害事故总体严峻复杂的局面尚未从根本上扭转。

2. **风险交织叠加演化几率加大。**城市化快速发展、人口产业高度集聚导致安全风险不断累积,工业化进程加快、新技术广泛应用导致风险的不可预测性和不确定性增强,信息化加速、万物互联导致系统性风险极易形成并快速传导,农村基础设施薄弱、新生事物监管不到位导致隐患风险大量存在。极端天气气候事件及其次生衍生灾害呈增加趋势。无人机、户外探险、冰雪项目、玻璃设施、乡村客栈、城市民宿、充气游乐设施等新业态大量涌现,新的风险因素明显增多。因救援处置不当、舆情应对不当,多种风险耦合叠加可能引发社会风险,稍有不慎极易扩展至全域性风险,引发"黑天鹅""灰犀牛"事件。

3. **应急体制机制有待健全完善。**"三委三部"整体联动机制尚未建立,成员单位职责有待厘清,其办公室牵头抓总、综合协调职能有待加强。上下机构设置不完全对应,指挥协调难度大。市、县两级应急管理机构改革后,部分划转职能缺乏相关技术支撑。乡镇(街道)应急力量不足、能力不够、防控能力弱、保障不到位的问题突出。应急管理部门间联动机制虽已初步建立,但"统"与"分"、"防"与"救"的职责分工仍不完全清晰,部门联动、条块结合、区域联动等机制运转还不顺畅。

4. **抵御重大风险能力亟待提升。**地方专业救援队伍和社会救援队伍普遍存在数量不足、能力不够、运行困难等问题。除灭火装备外,其他灾害事故应急救援装备不足不优,尤其是普遍缺乏复杂环境下应急救援"硬核"装备。应急物资储备体系存在法规标准滞后、资金保障不力、供应渠道有限、储备品种单一、储备设施缺乏等问题。信息技术与应急管理业务融合程度低,全域覆盖的感知网络建设刚刚起步,空天地一体化的应急指挥网络还不健全。受土地、资金等要素保障制约,"237"应急储备设施补短板工程推进缓慢。

（三）发展的机遇

"十四五"时期是我省全面建成小康社会之后,乘势而上开启全面建设社会主义现代化新征程的第一个五年,也是谱写新时代高质量发展新篇章的关键五年。进入新发展阶段,我省处于战略机遇叠加期、政策红利释放期、发展布局优化期、蓄积势能迸发期、省域治理提升期,应急管理事业迎来新的发展机遇。

1. 党委政府的高度重视为应急管理事业发展提供了坚强保障。以习近平同志为核心的党中央坚持以人民为中心的发展思想,把应急管理体系和能力建设摆在前所未有的高度。党的十九届五中全会首次把统筹发展和安全纳入"十四五"时期我国经济社会发展指导思想。全省各级党委政府高度重视应急管理工作,"237"应急储备设施补短板工程纳入全省疫后重振补短板强功能"十大工程"三年行动方案,《湖北省国民经济和社会发展第十四个五年规划和二〇三五年远景目标纲要》对应急管理工作专门作出部署,为全省应急管理事业发展提供了有力的政策支撑。

2. 体制机制改革的不断深化为应急管理事业发展注入了内生动力。随着应急管理体制机制改革的不断深入,全省应急管理领导体制、指挥体系、协同机制日趋健全,法规制度标准体系不断完善,应急管理队伍建设、作风建设、能力建设不断推进,工作效率、履职能力不断提升,"全灾种、大应急"的格局逐步形成,应急管理逐步实现从分散到集中、粗放到精细、被动到主动的历史性变革,安全风险防控、综合防灾减灾、应急救援工作将更加精准高效。

3. 抗击新冠肺炎疫情的成功实践为应急体系建设凝聚了社会共识。抗击新冠肺炎疫情的胜利,彰显了中国共产党领导和中国特色社会主义制度的显著优势,凸显了基层党组织在应对突发事件中的战斗堡垒作用,体现了应用先进技术、专家队伍提升防治效能的科技人才支撑作用,全社会对应急管理重要性的认识不断提升、行动更加自觉,在加快构建应急管理体系、提升应急管理能力等方面形成了共识,汇聚了合力。

4. 创新驱动发展战略的实施为应急管理事业跨越式发展提供了有力支撑。 国家科技自立自强加快推进,创新链和产业链"双链融合"赋能科技发展,改革开放全面深化,高质量发展不断取得新成效。数字技术广泛应用于政府管理服务,推动政府治理流程再造和模式优化,不断提高决策科学性和服务效率。创新驱动对于形成高度智能、自我进化、共享众创的应急管理科技支撑新生态,实现应急管理全面感知、动态监测、智能预警、扁平指挥、快速处置、精准监管、人性化服务等,将会发挥越来越大的作用。

二、总体要求

(一)指导思想

以习近平新时代中国特色社会主义思想为指导,全面贯彻党的十九大和十九届二中、三中、四中、五中全会精神,贯彻落实习近平总书记关于应急管理重要指示批示、重要论述和视察湖北重要讲话精神,全面落实党中央、国务院重大决策部署,做到"两个维护",胸怀"两个大局",强化"两个根本",坚持"两个至上",统筹发展和安全,打造一个"大应急"格局,构建横向、纵向两个维度的运行支撑,聚焦安全生产、防灾减灾抗灾救灾、应急救援三大板块,提高防范化解重大风险、防灾减灾救灾、灾害事故应急处置、城乡社区基层应急四大能力,健全应急指挥、应急管理法治、人才科技支撑、应急物资保障、共建共治共享五大体系,加快推进应急管理体系和能力现代化,坚决防范化解重大安全风险,全力维护人民群众生命财产安全和社会稳定,为服务湖北"建成支点、走在前列、谱写新篇"营造安全稳定的社会环境。

(二)基本原则

坚持党的领导。坚持和加强党的全面领导,充分发挥党总揽全局、协调各方的领导核心作用,为应急管理事业改革发展提供根本保障和强大动力。

坚持以人为本。牢固树立以人民为中心的发展思想,始终坚持"人民至上、生命至上",不断提高防灾减灾抗灾救灾能力,保障人民群众生命和财产安全,促进经济社会持续健康发展。

坚持预防为主。健全风险防范化解机制,注重关口前移,加大灾前预防投入,强化风险源头管控、灾害风险评估、隐患排查和监测预警,把问题解决在萌芽之时、成灾之前。

坚持依法治理。完善应急管理领域法规和标准体系,依法履行应急管理职责,深入推进严格执法、公正司法、全民守法,加快推进应急管理工作法治化、规范化、制度化。

坚持科技创新。充分运用云计算、移动互联网、大数据、物联网、人工智能等现代信息技术,依靠科技提高应急管理的科学化、专业化、智能化、精细化水平,为构建与现代化强省相适应的应急体系提供有力支撑。

坚持社会共治。把群众观点和群众路线贯穿应急管理工作始终,更加注重群防群治和发挥市场机制作用,大力弘扬应急文化,加大宣传和培训力度,不断提高全民安全素养,打造应急体系共建共治共享的社会治理格局。

(三)主要目标

到2025年,应急管理体系和能力现代化建设取得突破性进展,"全灾种、大应急"格局基本建成且运行良好,形成统一指挥、专常兼备、反应灵敏、上下联动的特色应急管理体制,建成统一指挥、权责一致、权威高效的应急能力体系,防范化解重大风险工作机制不断健全,安全生产、综合防灾减灾形势趋稳向好,生产安全事故总量持续下降,坚决遏制重特大事故,自然灾害防御水平明显提升,全社会防范应对处置灾害事故的能力显著增强。到2035年,建立与现代化强省相适应的应急管理治理体系,人民群众的获得感、幸福感、安全感显著增强。

——**应急管理体制机制更加完善**。领导体制、指挥体制、职能配置、机构设置更趋合理,协调更加顺畅,应急管理队伍能力建设取得积极进展,应急管理部门基础设施、装备条件大幅改善,工作效率、履职能力全面提升。

——**灾害事故防控能力全面提升**。安全风险分级管控和隐患排查治理双重预防机制进一步完善,多灾种和灾害链综合监测、风险早期感知识别和预报预警能力显著增强,城乡基础设施防灾能力、重点行业领域本质安全水平大幅提升,有效遏制危险化学品、矿山、建筑施工、交通等行业领域重特大生产安全事故。

——**应急处置能力显著增强**。建成省、市、县三级综合应急指挥平台,综合救援、专业救援、航空救援力量布局更加合理,应急救援效能显著提升,应急预案、应急通信、应急装备、应急物资、紧急运输等方面保障能力全面加强。

——**应急要素资源配置更加优化**。应急管理科技和信息化水平明显提高,科技资源、人才资源、信息资源、产业资源配置更加科学合理。

——**共建共治共享体系更加健全**。全社会安全文明程度明显提升,社会公众应急意识和自救互救能力显著提高,社会治理精准化水平持续提升,规范有序、充满活力的社会应急力量发展环境进一步优化,共商共建共治共享格局基本形成。

《湖北省应急体系"十四五"规划》解读

专栏1 "十四五"核心指标

序号	指标内容	"十三五"情况	"十四五"预期值	指标性质
1	生产安全事故死亡人数	－18.9％	－15％	约束性
2	单位国内生产总值生产安全事故死亡率	－47.7％	－33％	约束性
3	工矿商贸就业人员十万人生产安全事故死亡率	＋36.7％	－5％	约束性
4	年均每百万人口因自然灾害死亡率	0.98	＜1.4	预期性
5	年均每十万人受灾人次	25 003人次	＜22 000人次	预期性
6	年均因自然灾害直接经济损失占国内生产总值比例	0.86％	＜1％	预期性

注:根据国家要求,考虑到2020年受疫情影响,使用2019年数据作为安全生产类指标"十四五"规划基期值。第1、2、3项"十三五"情况为2019年与2015年相比,"十四五"预期值为2025年与2019年相比;第4、5、6项"十三五"情况为2016年至2019年平均值。

三、主要任务

（一）深化体制机制改革,建立健全应急指挥体系

1. 完善应急管理体制。全面加强应急管理系统党的领导,

推动应急管理部门全面实行准军事化管理和双重领导、地方为主的管理体制。出台全省应急管理事业改革发展实施意见,营造内和外顺的履职环境。支持1~2个有条件的市(州)开展试点,将突发公共卫生事件纳入应急管理体系。按照国家部署,推进矿山安全监管监察体制改革。健全水上搜救应急管理体制。

2. 健全应急指挥体系。成立(调整)各级突发事件应急委员会,强化应急委对突发事件的统一领导、统一指挥,充分发挥应急管理部门的综合优势和各相关部门的专业优势,衔接好"防"和"救"的责任链条。加快构建统一指挥、权威高效、反应灵敏的应急指挥体系。按照"上下基本对应"原则进一步理顺防汛抗旱、森林防灭火、地质灾害救援、抗震救灾等指挥体制机制,构建上下贯通、衔接有序的工作体系。坚持"属地为主、分级负责"和"综合协调、权责对等、专业处置"的原则,建立分工明确、衔接紧密的应急指挥组织架构和专业化的应急指挥程序,探索建立现场指挥官制度和突发事件处置首席专家制度。全面建成省、市、县三级综合应急指挥平台,互联互通率达100%。

3. 优化协同联动机制。加强部门协同。建立完善"三委三部"和应急管理委员会各突发事件专项应急指挥部的运行机制和议事规则,健全"平急结合"的应急联动机制,明确常态应急管理与非常态应急响应相互转换的条件、方式、程序并加强演练。强化"三委三部"各办公室综合协调职能,厘清应急与水利、自然资源、林业等部门职责分工。建立健全紧急医疗救援机制。探索推动省、市、县三级应急管理部门与消防救援机构建立协同联动机制。加强区域协同。围绕国家长江经济带发展战略和我省"一主引领、两翼驱动、全域协同"的区域发展布局,建立联合指挥、灾情速报、资源共享等省际应急联动机制和省内区域协同联动机制,加强长江流域、汉江流域、三峡库区、武陵山区、大别山区、秦巴山区、幕阜山区等区域重大风险的联防联控。加强军地协同。完善解放军和武警部队参与抢险救灾的机制和程序,落实点对点热线电话、5G视频、传真等通联手段,健全灾情共享、联席会议、力量对接、联合保障机制,推动军地应急力量、训练场地、物资器材等资源共享,常态开展军地联演联训,提升军地联合应急救援水平。

(二)加强法规标准建设,健全应急管理法治体系

4. 完善应急法规制度。加强应急管理地方性法规、规章的立改废释工作,加快构建系统完备、科学规范、运行有效的应急管理地方法规体系。建立应急管理地方性法规、规章执行情况、实施效果跟踪评估制度。建立应急管理常态化普法教育机制,广泛开展"八五"普法等丰富多样的普法活动,加大典型案例普法宣传,提升公众法律意识。逐步推进将应急管理行政决策纳入法治化轨道,提高依法行政水平。

5. 健全应急标准体系。充分发挥省应急管理标准化技术委员会作用,聚焦安全生产、防灾减灾抗灾救灾、应急救援等主要职能板块,制定一批高质量的地方标准。开展应急管理标准化试点工作,支持重点行业、重点企业制定和完善应急管理有关标准。推动建立应急管理领域地方性法规与标准联动机制。鼓励社会机构参与国家、行业、地方等应急管理标准的制修订工作。对应急管理强制性标准实施情况进行评估复审,提升标准的科学性、统一性和适用性。

> **专栏2　应急管理地方性法规规章标准制修订重点**
>
> (1)法规规章:《湖北省安全生产条例》《湖北省突发事件应对办法》《湖北省自然灾害救助办法》《湖北省企业安全生产主体责任规定》。
>
> (2)标准:应急预案编制导则、应急救援训练基地建设规范、尾矿库闭库安全规范、非煤矿山企业安全生产重大风险监测信息采集规范、生产安全事故现场应急处置方案编制导则、安全生产培训机构条件评估规范、城市社区应急管理规范、社会化应急资源信息系统建设规范、应急物资储备库设计规范等。

6. 加强应急预案管理。根据科学、实用、简明、可操作的原则,加快制修订省、市、县三级政府总体应急预案、专项应急预案和部门应急预案,加强相关预案之间的有效衔接和企业应急预案备案管理。推行应急预案卡片化、模板化、清单化。制定武汉城市圈、"襄十随神"城市群、"宜荆荆恩"城市群联合应急预案和极端天气、重要目标、重大活动、重大基础设施应急预案,加强区域间应急预案的协调联动。完善应急预案全流程管理机制,充分运用应急预案数字化管理平台,加强应急预案分级分类动态管理。制定应急预案编制导则、应急预案评估管理办法和应急演练管理办法,明确各级各类常态化应急演练的规模、方式、程序和频次。加强预案演练和评估,省级专项应急预案、部门应急预案至少每3年进行一次应急演练,建立定期评估制度,分析评价预案内容的针对性、实用性和可操作性,实现应急预案的动态优化和科学规范管理。

7. 严格安全生产执法。全面推进应急管理综合行政执法改革,市、县两级应急管理部门整合相关监管执法职责,组建应急管理综合行政执法队伍,配备执法装备、服装、标志和车辆。

《湖北省应急体系"十四五"规划》解读

厘清不同层级执法管辖权限,明确监管执法职责。严格实施执法人员凡进必考、入职培训、持证上岗和定期轮训制度。深化"双随机、一公开"执法检查,健全完善分级分类差异化执法机制,突出重点行业领域、重点地区和重点企业开展"全覆盖"执法检查,建立重点行业企业"一企一监管主体"和交叉执法模式。推进"互联网+执法"模式,实现线上执法、远程执法。落实行政执法"三项制度",规范执法行为。健全安全生产执法违法违纪线索移交制度。深入贯彻实施《中华人民共和国刑法修正案(十一)》和新修订的《中华人民共和国安全生产法》,建立健全行政执法与刑事司法衔接工作常态化协作机制。深化应急管理领域"放管服"改革,政务服务事项办理承诺时限由原法定时限压减78%以上。

(三)集聚创新发展要素,完善人才科技支撑体系

8. 破解应急关键技术瓶颈。加大科技创新支持力度,支持高校、科研单位和企业争创国家应急管理部重点实验室,依托社会机构设立省应急管理研究院,在安全生产、应急通信、航空救援、道路抢通、生命救援、个体防护、应急服务等相关重点领域建设一批新型研发机构和科技创新平台。开展"六大关键技术"攻关。一是公共安全综合保障技术。研究公共安全核心共性技术,在应急平台、重大综合灾害耦合实验、情景构建与推演等相关技术环节取得突破。二是重大自然灾害监测与防御技术。针对重大地震灾害、地质灾害、极端气象灾害、旱涝灾害综合监测预警与防范,开展关键技术及装备研发。三是生产安全保障与重大事故防控技术。重点开展矿山、危险化学品、金属冶炼、建筑施工、粉尘涉爆、涉氨制冷等领域重特大事故防控的科技攻关与应用示范。四是重大基础设施安全保障技术。研

究重大基础设施的长期服役和智能检测监测基础理论,突破重大基础设施全服役周期内监测预警、风险评估等关键安全保障技术瓶颈,构建重大基础设施安全保障体系。五是安全应急保障技术。重点开展现场保障、人员救护、救援处置、应急服务等方面关键技术攻关和应用示范,形成一批标志性应急技术、产品和服务成果。六是城市安全保障技术。围绕城镇建筑、管网、社区等的安全保障,以及城镇综合风险等方面,系统化开展基础理论和应用基础研究、共性关键技术攻关与应用示范。

9. 提升应急管理信息化水平。 加快空天地一体化的全省应急通信骨干网络建设,提供"统一高效、全面融合、全程贯通、随遇接入、按需服务"的通信保障。强化全域感知数据采集及接入,充分利用"政务云"和国家应急管理部数据中心资源,打造性能强大、弹性计算的云资源服务平台,构建海量数据资源治理体系。逐步建设完善监测预警、监管执法、应急指挥救援、决策分析辅助、政务管理等业务应用体系,提升业务信息系统智能化水平,实现业务数字化、应用网络化、流程规范化、决策智能化,有力支撑常态、非常态下的事前、事中、事后全过程应急管理。建立全面立体的安全防护体系和科学智能的运维管理体系,实现多层次、多维度的安全防控,保障全省应急管理网络和信息系统安全、稳定、高效、可靠运行。打造应急管理信息化联合创新平台,开放轻应用开发及赋能门户,建立应急管理部门、高校科研院所、高科技企业共同参与的联创社区,实现应急管理信息化水平持续提升。

10. 加强应急人才培养。 加强应急管理智库建设,建立应急管理专家咨询委员会。加快推进湖北黄冈应急管理职业技术学院等职业院校建设,鼓励在鄂高校开设应急管理相关专业,培养创新型、应用型、技能型人才。实施高危行业领域安全技能提升培训行动,"十四五"期间完成"三项岗位"人员培训50万人次。支持在高危企业集中的地区新建或改造10家具有辐射引领作用的高水平安全生产技能实训基地。依托重点化工企业、化工园区或第三方专业机构建立实习实训基地,遴选3~5家安全技能培训示范企业。

11. **强化应急装备建设**。推动落实《自然灾害防治技术装备现代化工程总体方案》,出台应急装备建设指导意见,针对重特大灾害事故应急救援和通信保障装备需求,加强新型应急指挥通信技术装备、智能无人机应急救援技术装备、跨区域救援特种装备、专用工程抢险救援技术装备、自然灾害特种救援装备、森林灭火技术装备、地下矿山抢险救援技术装备等装备建设,大力发展无人救援装备。按照省级负责大型共用装备、市县级负责辖区内常规及专用抢险救援装备的原则,推动县级以上应急管理部门装备达标率达到80%以上。加快应急实用装备的研发、转化和推广,推动一批关键技术与装备科研成果上升为技术标准。加强应急救援装备统型建设,推进应急装备智能化、标准化、模块化、系列化、成套化发展。建立省级应急装备与服务信息平台,推动应急装备物联网建设。

12. **扶持应急产业发展**。推动随州、赤壁国家应急产业示范基地建设,支持武汉、黄石、十堰、襄阳、宜昌、荆州、荆门等地发展各具特色的应急产业。大力发展应急专用车、应急桥梁装备、应急交通工程装备、消防救援装备、航空应急救援和水域救援装备产业,打造我省应急装备制造的特色品牌。制定公共场所、基础设施、重大工程的应急设备设施配备标准和政府购买应急服务的具体措施。利用省级首台(套)重大技术装备补贴政策,支持国产应急产品推广应用。推动制定家庭购置应急产品和服务的鼓励引导政策。支持应急技术、产品和服务推广交流活动,促进先进应急成果应用。完善应急产业投融资机制,探索设立地方应急产业基金,鼓励金融机构支持应急产业发展。

(四)强化采供储运管理,健全应急物资保障体系

13. 强化应急物资采购供应保障。开展全省应急物资生产供应企业调查,建立产品目录并实时更新,掌握产品名称、规格、价格、品质、材质、功能及生产能力等。健全省、市、县三级应急物资分级采购机制,分级分类评估应急物资需求。制定应急物资年度采购计划,规范应急物资常态化采购的流程、标准和条件。建立突发事件应急物资紧急采购制度,开辟紧急采购"绿色通道",遴选一批综合实力强、经营管理规范、信誉良好的企业纳入紧急采购目录。规范应急物资紧急生产(转产)程序,建立集中调度生产机制,统一组织原材料供应,保障产品质量标准。积极争取中央补助支持,建设华中区域应急物资供应链与集配中心,实现应急物资产供销企业全链条动态追溯管理。

14. 加强应急物资储备管理。编制应急物资保障体系规划,制定应急物资管理办法、应急物资目录、应急物资储备标准和仓储设施建设标准。优化重要应急物资产能布局和区域布局,构建"中心库＋区域库＋前置库"的应急物资储备体系,实行实物储备、协议储备、产能储备相结合的应急物资储备模式,重点加强生活保障类、抢险救援类、特殊稀缺类应急物资储备。结合当地灾害事故特点,按照满足本行政区域一场自然灾害救助Ⅱ级响应的应急物资保障需求,明确各级各类应急物资储备的品种和规模。充分利用社会力量和市场机制,适当提高协议储备比例。加强交通不便、灾害风险高的乡镇(街道)救灾物资储备点建设。健全各级应急物资专项资金保障机制,各级应急

物资保障预算列入本级财政预算覆盖率达到100％。完善应急物资捐赠、调拨、使用机制,规范应急物资捐赠管理。建设全省应急物资管理信息平台,提高应急物资管理及调配的信息化水平。制定乡镇(街道)、村(社区)、家庭等应急物资储备建议清单,提高应急物资社会储备能力。

专栏3　应急物资储备重点

（1）**生活保障类**。包括饮食供应、饮食加工、临时住宿、保暖衣物、卫生保障、能源与安全、紧急医疗救治等物资。

（2）**抢险救援类**。邻水地区重点加强暴雨洪水、人员转移、水面营救和工程抢险等应急物资储备;山区重点加强地震灾害、地质灾害、森林火灾等抢险救援类应急物资储备;城镇区域重点加强城市内涝、排水、封堵等抢险救援类应急物资储备;园区根据有毒、有害、易燃、易爆等特性,重点加强火灾、爆炸、中毒、洗消、防护等抢险救援类应急物资储备;加强用于消减各类灾害事故次生环境污染的应急物资储备和水上危险化学品泄漏应急物资储备。

（3）**特殊稀缺类**。防汛抗旱:水上救援直升机、抢险打捞起重船、潜水工作母船、半潜驳船、排水抢险车、重潜装备、重型抢险救援车、水下切割焊接设备、全地形消防车、管涌探测仪等;森林防灭火:森林灭火直升机、山地远程输水系统、自动调压中继功能泵等;地震灾害救援:医疗救援直升机、搜救犬、重型抢险救援车、生命探测仪等;地质灾害救援:湿地推土机等。危险化学品事故救援:各类专业消防车、特种火情侦察车等;矿山事故救援:大口径救生钻机、矿用排沙潜水泵、多功能快速钻机、大扭矩履带式全液压钻机、井下轻型救灾钻机等;陆上石油天然气事故救援:多功能抢险救援车、遥控井口安装设备、热切割设备、压裂车等。

15. 强化应急物资运输保障。 完善应急物资运输保障体系,建立多方参与、协同配合的应急物资综合交通紧急运输管理协调机制。充分发挥铁路、公路、水运、航空等各种运输力量的比较优势,探索利用国家级多式联运示范工程,推进应急物资立体投放模式。利用大型物流企业与物流园区建立应急物资运输队伍,依托邮政、快递、商贸等系统物流服务网络和设施,推动应急物流发展。完善应急运力储备和调运经费结算方式。加强紧急运输"绿色通道"建设,完善应急物资及救援人员运输车辆、应急通信保障车辆优先通行机制,建立健全空中紧急运输服务体系。加强应急物资调拨配送管理,完善调剂调用机制,积极推进应急物资调拨与配送科学化、规范化、系统化、制度化。推动应急物资储运设备集装单元化发展。

(五)加强安全生产管理,提高防范化解重大风险能力

16. 压实安全生产责任。 落实党政领导责任。严格实行党政同责、一岗双责、齐抓共管、失职追责。地方各级党委和政府主要负责人同为安全生产第一责任人,分管领导负责所分管部门和行业的安全生产工作。将安全生产、消防安全、森林防灭火、防灾减灾抗灾救灾等纳入地方党政领导班子政绩考核内容。编制安全生产权力和责任清单,明确责任主体,健全权责匹配的问责机制。明确安全生产专业委员会和部门监管责任。坚持"三管三必须",健全安全生产委员会统筹抓总、专业委员会分线协调的工作机制,明确综合监管和行业监管的职责界限,修订完善安全生产专业委员会工作规范,健全定期通报、督办考核等工作制度。压实企业主体责任。健全并落实企业全员全岗位全过程安全生产责任制,企业法定代表人、实际控制人、主要负责人同为安全生产第一责任人,落实安全总监配备

及安全管理机构设置、安全管理人员培训等相关规定,推进安全风险分级管控和隐患排查治理双重预防机制建设,全面夯实企业安全生产基础。完善安全生产标准化创建奖惩措施,推动企业安全生产标准化提档升级。开展以安全化管控为重点的新一轮技术改造,推进"机械化换人、自动化减人、智能化无人"。在冶金、化工等重点行业开展"本质安全示范企业"评定工作。综合运用行刑衔接、约谈、曝光等措施,严厉打击安全生产非法违法行为。严格责任追究。健全灾害事故直报制度,严肃追究瞒报、谎报、漏报、迟报责任。完善自然灾害评估和事故调查机制,推动调查重点延伸到政策制定、制度管理、标准技术等方面。严格按照"四不放过"原则开展事故调查,加强对未遂事故和非亡人事故的调查分析,严防小风险酿成大事故。定期开展较大以上事故调查处理情况"回头看"。

17. 加强安全风险源头管控。 严格建设项目安全设施"三同时"审查,优化高危行业领域建设项目安全联合审批机制,健全重大项目决策安全风险评估与论证机制。推进设区的市级政府制定并严格落实危险化学品"禁限控"目录。市县建立区域安全风险数据库并动态更新,明确区域安全风险和等级,实行差异化管控。企业、单位开展常态化安全风险辨识,科学评定风险等级,公告警示和有效管控安全风险,实行隐患自查自改自报。新建危险化学品生产项目进园区,化工园区实行封闭式管理,合理布置功能分区,科学评估安全风险,有效管控安全容量。"十四五"末,在役化工企业安全设计诊断复核率达到100%。针对隐患排查治理不彻底、同类隐患反复出现等问题开展隐患溯源。

18. 强化安全风险智能监测。 扩大危险化学品、非煤矿山、烟花爆竹、页岩气、工贸等领域重点监管企业感知数据采集试点建设范围,实现高危企业感知数据和分级告警数据全部接入。推进化工园区环境预警体系和环境应急监测能力建设,以国家和省级化工园区污染源为重点,建立有毒有害气体预警体系。推进企业、化工园区、监管部门信息共享、上下联动的信息化监管平台和安全风险动态监测预警系统建设,实现对危险化学品生产、贮存、运输、使用、经营、废弃处置等各环节的全链条监控。全面推进全省在用尾矿库线上线下相结合的监测模式,监测信息同步接入安全生产风险监测预警系统。推进工贸行业高风险企业开展在线监测联网试点建设,加强煤矿采空区、岩溶塌陷集中区,以及三峡工程、南水北调工程、西电东送工程、西气东输工程、山区铁路干线和公路干线工程、大型厂矿建设工程等在选址、地勘、设计、施工中的信息共享和实时跟踪监测,实现对重点环节、重点部位的实时监控和重大安全风险预警。

19.**提升城市安全韧性**。开展安全风险辨识评估,实施风险分级分类管控。推进海绵城市建设,增强防洪排涝功能。加强短临预警预报,健全高效应急联动机制,防御极端暴雨。实施城乡综合风险监测预警中心建设工程,加强基础设施建设、运营过程中的风险评估和安全监管,确保城市"生命线"安全。开展地铁防淹应急措施专项整治,加强危险化学品、涉氨制冷、有限空间、城镇燃气、轨道交通、大型特种设备等重点行业领域和隧道、下穿道、桥梁、易积水路段等交通重点部位安全风险管控和隐患排查治理,加强堆场、基坑、边坡、地下空间等周边工程安全监测监控。开展深基坑、高支模、建筑起重机械等危险性较大的工程和轨道交通工程专项治理。对高层楼宇、地下空间、高风险作业场所、人员密集场所、大型群众性活动开展安全风险评估,建立大客流监测预警和应急管控处置机制。结合区

《湖北省应急体系"十四五"规划》解读

域发展布局和城市定位,支持武汉、襄阳、宜昌、黄冈等地创建国家安全发展示范城市。

20. **深化安全生产专项整治**。深入开展安全生产专项整治,推进危险化学品、矿山、消防、综合交通、城市建设、工业园区、危险废物、烟花爆竹、特种设备、城镇燃气、校园安全、旅游安全等重点行业领域安全整治。大力抓好长江大保护,开展沿江化工企业"关改搬转治绿"整治,推动重点地区外部安全防护距离不足和城镇人口密集区的危险化学品生产企业搬迁改造。加快淘汰关闭不符合国家产业政策、不具备安全生产条件的矿山。加强鄂西磷矿区岩爆灾害研究与治理,推动形成岩爆灾害防范标准。推动建立健全油气长输管道高后果区风险企地共管机制,鼓励化工园区内具有上下游产业链关联的企业运用管道输送代替道路运输。加强安全生产领域监督执纪问责。

专栏4　安全风险管控和隐患排查治理重点

(1)危险化学品:以硝化工艺、有机硅、涉氨涉氯、精细化工反应风险评估、安全仪表系统自动化改造等为重点开展专项整治。对A、B级化工园区实施停产整顿和限期整改提升。全省涉及一、二级重大危险源、爆炸性危险化学品化工装置的企业达到二级安全生产标准化。

(2)非煤矿山:大中型金属非金属矿山企业二级安全生产标准化达标率达60%以上,三等以上尾矿库企业达标率达100%。完成长江干支流岸线1千米范围内停用超过3年尾矿库闭库治理工作。推动绿色矿山建设和"五化"矿山建设的融合贯通。争取非煤矿山智能化国家试点省份建设,建成10处自动化金属非金属地下矿山、50处机械化小型金属非金属地下矿山。

(3)煤炭电力:推进煤矿关停退出工作,生产煤矿达到三级以上安全生产标准化,推进煤矿机械化、自动化、信息化、智能化建设。开展统

— 132 —

调火电危险化学品重大危险源排查整治和风机飞车、光伏电站、电力建设工程等安全风险管控和隐患排查治理。

（4）综合交通（道路运输、民航、铁路、邮政、水上和城市轨道）：建立综合交通各行业领域安全生产重大风险清单和责任清单。开展综合交通安全隐患大排查、大整治。指导督促企业建立风险隐患排查、评估、治理的长效机制。

（5）工业园区：开展园区整体性安全风险评估，科学、合理确定园区安全等级，提出消除、降低、控制安全风险的对策措施。督促企业认真开展安全风险管控和隐患排查治理。

（6）特种设备：加大重点场所监督检查力度，持续开展起重机械、压力管道、移动式压力容器、客运索道和大型游乐设施束缚装置等专项整治，推进电梯安全监管改革，重点加强电梯机房、电梯井道等安全风险管控和隐患排查治理。

（7）城镇燃气：督促完成气瓶信息追溯系统和液化气充装站改造。推动建立燃气安全风险监测系统，扎实开展燃气管道等城镇燃气安全生产大排查大整治。

（8）校园：开展校园消防、校舍建设等安全风险管控和隐患排查治理。督促学校抓好实验室危险化学品安全管理。加强对校车和驾驶员的动态监管。

（9）文化旅游：加强文化场所、旅游特种设备和高风险游览项目安全风险管控和隐患排查治理。对旅游景区和网红打卡点玻璃设施项目（滑道、吊桥、栈道、观景平台等），充气游乐设施项目，悬崖秋千、热气球、滑翔伞、翼装飞行、滑索、溪降等新型游乐项目，以及乡村客栈、城市民宿等场所开展安全风险管控和隐患排查治理，严格落实监管责任，研究解决监管空白和监管缺失的问题。

（10）油气长输管线：督促管道企业及时评估更新高后果区，加强高后果区特别是人员密集型高后果区风险管控。依法严厉打击管道保护范围内违法违规施工。

(11)工贸:开展金属冶炼、粉尘涉爆、有限空间、涉氨制冷、使用储存危险化学品的专项治理工作,开展工贸企业人员密集场所和租用工业厂房等重点行业领域安全风险管控和隐患排查治理。推动钢铁、水泥、电解铝、平板玻璃等行业淘汰类产能或达不到安全标准的依法关停退出。推动规模以上重点企业达到二级安全生产标准化。

(12)消防:开展高层建筑、大型商业综合体、老旧小区、危险化学品企业、城乡接合部等重点领域、重点区域消防专项检查和安全治理,优化消防安全环境。

(13)体育赛事:加强城市马拉松、越野跑等商业性、群众性大型体育赛事活动赛前、赛中、赛后风险防范和控制,对重要体育赛事活动进行风险评估,制定相关预案及安全工作方案,并督促落实各项具体措施。加强户外探险、滑雪、攀岩等高危体育项目的安全风险管控和隐患排查治理。

(14)新业态:开展无人机、无人驾驶、智能工厂、智慧农业、共享出行等新业态领域安全风险管控和隐患排查治理,明确企业、从业人员、监管部门责任,预防和减少安全事故发生。

(六)加强自然灾害防治,全面提升防灾减灾救灾能力

21.加强灾害风险调查评估。实施自然灾害风险普查工程,针对六大类21种自然灾害及其承灾体特点,以县为单位全面开展灾害综合风险调查、重点隐患排查,摸清全省灾害风险隐患底数,查明重点区域抗灾能力,建立分类型分区域的自然灾害综合风险与减灾能力数据库,分类编制自然灾害系列综合风险图和自然灾害综合防治区划图。开展灾害情景构建,加强对致灾风险、安全隐患级别、承灾体脆弱性、灾害链特征等分析评估,提升评估的精准性和防控能力。探索建立自然灾害红线约束机制,严格控制区域风险等级及风险容量。

22. **强化自然灾害监测预警**。优化自然灾害监测站点、地震台网和综合立体气象观测网络布局,加强监测基础设施建设,逐步完善空天地一体化全域覆盖的灾害风险监测网络。建立灾害风险隐患快速报送体系,实现风险隐患早发现、早报告、早处置。根据灾害综合预警响应启动条件和分级标准,编制预警响应行动指南,提高非常态重特大灾害和多灾种、灾害链综合预警响应能力。完善"分类管理、分级预警、平台共享、规范发布"的突发事件预警信息发布体系,拓宽预警信息发布渠道,强化临灾预警发布能力和针对特定区域、特定人群的快速精准发布能力。到2025年底,特定区域重大自然灾害预警信息手机短信公众覆盖率达到100%。

23. **加强自然灾害综合治理**。统筹推进自然灾害"八大工程",提高自然灾害防治能力。推动地质灾害易发地区分级分类综合治理,提升区域内交通、水利、通信、能源等关键基础设施以及学校、医院及重点文物保护单位的设防水平和承灾能力,增强极端自然灾害条件下抗损毁和快速恢复能力。推进地质灾害综合防治体系重点省份建设,实施重大地质灾害隐患点工程治理或搬迁避让。在重点城市和地震、地质灾害易发区开展地震活动断层探测、地面沉降防治和房屋设施加固。加强防汛抗旱工程建设,补齐补强洪涝灾害防御短板,完善防洪工程体系,提高水旱灾害防范应对能力。统筹开展避险集中安置、工程治理和生态保护修复工作。加强森林防灭火应急能力建设,推进秦巴山、大别山、武陵山、幕阜山等重点山系森林防火重点区林火阻隔系统建设。

24. **强化灾害救助恢复**。建立健全分层分类的自然灾害救助制度体系,建立与经济社会发展水平相适应的自然灾害救助标准调整机制,统筹做好应急救助、过渡期生活救助、旱灾临时

《湖北省应急体系"十四五"规划》解读

生活困难救助、冬春临时生活困难救助和因灾倒损民房恢复重建等工作,确保在自然灾害发生后 12 小时内受灾群众基本生活得到初步救助,受灾人员基本生活救助率达 100%。将困难群众急难救助纳入突发公共事件相关应急预案,明确应急期社会救助政策措施和紧急救助程序,对妇女儿童和特困人员实施优先救助,适当提高因灾倒损居民住房恢复重建补助和受灾影响地区城乡低保、特困人员救助、冬春救助标准。加强自然灾害救助信息化建设,完善救助资源库,实现救助事项"掌上办""指尖办"。加强自然灾害救助事中事后监管和资金绩效管理。健全灾后恢复重建机制,客观科学确定灾害范围,综合评估灾害损失,完善评估标准和评估流程,积极动员各类社会组织和个人参与灾后恢复重建。加强灾害心理援助体系建设,发生重大灾害后及时开展受灾人群心理应急救援工作。

专栏5　自然灾害防治重点

(1)洪涝及干旱灾害:建设自动化、智能化的水旱灾害综合监测感知网络和预报预警系统,提升暴雨、山洪等灾害综合预报预警能力。加强防汛监督检查和大中型重要工程风险监控。编制水旱灾害风险清单,绘制水旱灾害风险区划图,实现风险分级"一张图"管控。建设防汛抗旱应急指挥系统。争取国家支持建设华中区域防汛抗旱应急技术中心,依托科研院校和相关企业,筹建防汛抗旱应急技术重点实验室。

(2)地震和地质灾害:建成省级地震和地质灾害监测与应急处置系统。做好全省地震和地质灾害风险普查,加大城市地面塌陷治理力度。开展建筑设施抗震设防能力联合排查。加大合成孔径雷达、三维激光扫描仪等专业地质灾害应急监测设备配备力度。

(3)森林火灾:开展森林火灾风险普查。建立健全森林火灾安全风险管控和隐患排查治理长效机制。推进林火卫星遥感监测服务常态化。

> 推动应急管理部门与林业主管部门火情监测手段的互通互联,构建跨部门实时共享的立体式监测网络。建立全省森林防灭火应急指挥平台,在重点区域开展火场语音视频通信装备建设。

（七）强化救援力量建设,提升灾害事故应急处置能力

25. 提升应急指挥决策能力。 将应急管理与突发事件应对纳入各级党校(行政学院)的必修课程。每两年对市(州)政府分管领导轮训一次。建设应急管理情景教学、媒体应对、巨灾应对仿真实验室,重点开展典型案例教学,增强领导干部风险意识,提升预判能力、危机化解能力和媒体应对能力。组织模拟处突实战演练,重点演练应急指挥、信息报送、现场指挥、协调联动和综合保障等工作,不断提高领导干部在应急管理方面的研判力、决策力、掌控力、协调力和舆论引导力。

26. 加强应急救援队伍建设。 建强综合性消防救援队伍。推动消防救援队伍由应对单一灾种向多灾种、综合性应急救援队伍转型发展,结合我省实际和工作需要,发展政府专职消防员和志愿消防员;优化力量布局和队伍编成,配备先进适用装备,强化多灾种专业化训练和针对性实战演练。加强专业应急救援队伍建设。依托大型企业等社会力量,按照"布局合理、规模适度、能力互补、保障有力"的原则,以危险化学品(城市安全)、地质灾害(矿山)、防汛抗旱(工程抢险)、森林防灭火、航空救援为重点,布局建设一批专业应急救援队伍,统一指挥平台、统一联动响应、统一队伍标识、统一训练备勤。2025年底前,建设50支省级专业应急救援队伍,每年选取5支建设标杆队伍;各市(州)结合本地区灾害风险特点建设总规模不少于100人的专职应急救援队伍;推动县、国有林场和乡镇(街道)分别建

立不少于50人和20人的专(兼)职应急救援队伍;各类工业园区和危险化学品、煤矿、非煤矿山等高危行业企业按标准建立应急救援队伍;探索建立队伍组建、轮换、管理的工作机制,加大政策和资金扶持力度,保障专业应急救援队伍有序运行;配合解放军和武警部队抓好军队应急专业力量建设。加强基层应急救援力量建设。在城镇建成区、工业园区全面建成"135快速救援圈",在城郊和人口相对密集的农村,积极推进区域应急救援站点建设,全面建成"15分钟快速响应救援圈"。积极发展社会应急力量。重点培育25支社会救援力量,参与承担水上救援、山岳救援、工程抢险、航空救援、医疗救护、心理援助等任务;成立省级社会应急救援协会,规范行业管理。建立各类应急救援队伍共训共练、合作救援机制,提升协同应急救援水平和救援队伍战斗力。加强"院前急救"培训,开辟医疗急救"绿色通道"。

27.**加强应急救援基地建设**。建成国家华中区域应急救援中心。推进鄂东南(黄冈)、鄂西北(襄阳)、鄂西南(宜昌)3个省级区域应急救援基地建设。新(改、扩)建1个省级、16个市级消防救援训练基地。依托中国安能建设集团第三工程局武汉分公司等大中型企业建设省级自然灾害、危险化学品、水上和水下、隧道等专业性应急救援基地。制定水上应急救助能力建设专项规划,持续推进省水上应急训练中心和省水上紧急医学救援医院建设。依托大中型企事业单位、工业园区等,试点建设小型应急救援基地。采取企业自建与政府扶持相结合的方式,促进专业应急救援基地规范化建设。

28.**加强航空应急救援能力建设**。以空中侦查勘察、指挥调度、消防灭火、紧急输送、搜寻救护、特殊吊载、应急通信、跨区救援等航空应急救援任务为牵引,加强航空应急救援能力建设。构建应急救援航空力量和场站网络,实现对省内灾害事故多发区域全覆盖。推动武当山、咸宁航空护林站向多灾种救援任务转变,建设恩施航空护林站,依托社会力量组建省级航空应急救援机队和专业救援队伍。建立完善航空应急救援空域使用报备机制,畅通场站、空管、气象、航油、航材等飞行保障。完善应急救援航空指挥体制机制,建设先进适用的信息化低空监视和调度平台,实现航空应急救援"看得见、叫得到、控得住"。

(八)加强基层基础建设,提升城乡社区基层应急能力

29. **健全基层组织**。推动全省各乡镇(街道)在相关内设机构加挂应急办牌子,明确工作职责,夯实工作责任,确保人事匹配,加强工作经费和交通保障。积极推动有条件的村(社区)建设综合应急服务站(点)。以辖区内可调动的应急队伍和力量为基础,组建乡镇(街道)综合性应急救援队伍,负责辖区内灾害事故的情况搜集、先期处置、现场警戒、疏散群众、灾情上报等工作。完善各类开发区、工业园区等功能区安全监管体制,明确安全生产监管机构,配备与工作需要相适应的工作人员。安全生产任务重的功能区应设有专门机构和配备专职人员。

30. **加强基层治理**。开展基层应急能力标准化建设,重点推进乡镇(街道)开展以"一个指挥平台、一支救援队伍、一个物资储备点"为主要内容的"三个一"标准化建设,到2025年底,乡镇(街道)应急能力标准化建设达标率达100%;推进村(社区)开展以有专(兼)职管理人员、有救援队伍、有应急广播、有信息员、有经费保障为主要内容的"五有"标准化建设。建立"第一响应人"制度,加强乡镇(街道)、村(社区)和重点企事业单位灾害信息员队伍建设,推动基层网格员、森林防火巡护员、灾害信息员、安全劝导员、气象信息员多员合一,落实业务培

训、待遇保障等政策措施。完善基层应急管理网格化体系，积极推动应急管理网格与既有网格在队伍建设、工作机制、工作绩效、信息平台等方面的对接和整合。开展广播电视服务与智慧村（社区）的融合场景创新应用，推进应急通信保障服务向村（社区）延伸。推动省市联创，加强和改进综合减灾示范县（村、社区）创建工作，新创10个全国综合减灾示范县、50个省级综合减灾示范乡镇（街道）、500个省级综合减灾示范社区（村）。

31. 提升基层应急部门履职能力。 制定实施市、县两级应急管理部门基础履职能力需求保障清单，开展基础履职能力达标建设，按照有关标准，配齐应急管理综合行政执法队伍执法装备，到"十四五"末，市、县两级全部达标。强化干部队伍专业能力培养，按照县级以上、乡镇（街道）应急管理干部业务培训每人每年分别不少于80学时、60学时的标准，力争2025年底前县级以上应急管理机构专业人才占比不低于60%。健全社会尊崇应急管理职业的荣誉体系，按照中央和省有关政策，落实应急管理部门津贴补贴、医疗救治、心理咨询、健康疗养、人身意外伤害保险等优待优抚政策和应急救援专项补贴，提升应急管理职业荣誉感和吸引力。

32. 加强应急避难场所建设。 制定城乡社区应急避难场所建设指导意见，明确基本功能和增强功能。将应急避难场所建设纳入全省各级国土空间规划，根据人口分布、城乡布局、区域特点和灾害特征，充分利用公园、广场、学校、人防工程、体育场馆等公共服务设施，推动建设30个具备应急避险、物资储备、应急指挥和救援支持功能的省级示范城乡社区应急避难场所，支持各市（州）建设综合性和示范性应急避难场所。推进自然灾害易发多发县、乡、村新建或改扩建高标准应急避难场所。加强应急避难场所一体化建设，完善供水、供电、排水、广播、消防、卫生防疫等生活服务和应急设施。

33.**加强农村安全治理**。护航乡村振兴战略，推进平安乡村建设，推进自然灾害高风险区农村危旧房屋改造、民居抗震加固和搬迁避让工程。加强农村、山区特别是地震、塌方、泥石流等自然灾害易发多发地区道路的建设、管理、养护，提高道路基础设施灾害防御和保通能力。加强农村自建房施工改造、老旧房屋拆除、农村道路交通、溺水、用电、消防、取暖等重点领域，以及学校、敬老院、车站、商场、乡村旅游片区、休闲农业"打卡地"等人员密集场所安全风险管控和隐患排查治理。针对独居、空巢、留守老人及"五保户"、留守妇女儿童、残障人士等特殊群体，宣传普及交通、用火、用电、用气、防溺水等安全常识，提高人民群众安全风险辨识和应急避险能力。

(九)推进共建共治共享，打造全社会应急管理共同体

34.**加强应急文化建设**。大力弘扬应急文化，打造我省应急文化符号，扩大优质应急文化产品供给，丰富公众应急体验，提升应急文化服务水平。推动应急文化数字化建设，建设安全生产和防灾减灾数字图书馆，支持移动端科普融合创作，促进科普宣教智慧化发展。加强学生安全知识教育。组织开展安全生产月、全国防灾减灾日、消防安全宣传日、安全生产楚天行等活动，提升全民安全素质。扎实推进安全宣传进企业、进农村、进社区、进学校、进家庭，增强公众风险防范、安全应急意识和自救互救能力。按照"上下贯通、综合覆盖、可管可控、分级负责、平急结合、安全可靠"的要求，建成省、市、县三级应急广播平台，推进农村"村村响"和"云广播"工程，实现全省应急广播终端行政村全覆盖，推动应急知识宣传普及化和灾害风险预警常态化。

专栏6　安全宣传"五进"重点

(1)进企业：将安全宣传教育纳入企业日常管理，推动企业安全文化创建和安全诚信体系建设，鼓励地方政府与企业共建共享安全教育体验场馆。广泛开展"查找身边的隐患"活动，建立安全"吹哨人"和内部举报人制度。鼓励企业开展"公众开放日"活动，邀请新闻媒体走进企业开展舆论监督。

(2)进农村：将安全宣传纳入美丽乡村、乡村旅游重点村、全域旅游示范区创建等重点工作，完善农村安全宣传"四有"工作机制。开展综合减灾示范社区(村)创建。在农村公共场所、乡村旅游片区、休闲农业"打卡地"等人群聚集地合理设置安全宣传橱窗，有条件的乡镇建设安全教育科普站(室、所、点)。

(3)进社区：将安全宣传纳入各级综合减灾示范社区、综合减灾示范县、科普示范县(市、区)和安全发展示范城市创建的评定工作，定期开展火灾、地震等群众性应急演练。推动安全体验场所建设，将安全元素充分融入社区公园、广场等。

(4)进学校：将安全教育作为重要指标纳入平安校园创建工作，在课堂教学、社会实践、班级活动中落实安全教育内容。定期开展校园安全隐患排查。普及生活、交通、消防等安全知识，组织师生开展安全应急疏散演练。鼓励有条件的学校设立安全体验教室。

(5)进家庭：将家庭安全宣传教育融入"文明家庭""五好家庭"等创建活动中。组织发放《湖北省公众应急知识手册》等安全读本,利用电视、广播、网络等普及家庭安全常识。引导家庭储备简易应急物资,鼓励有条件的地区面向家庭免费安装烟感报警装置、发放应急安全包和灭火器等。

35. **加强社会动员**。制定社会应急力量建设指导意见、应急志愿者安全服务规范、社会应急力量能力测评认证标准等,建立应急救援社会化有偿服务机制。开展社会组织、社会工作者、社区志愿者等社会应急力量摸底调查,建立社会应急力量资源库并定期更新。以"有序、有效"为目标,加强社会应急力量动员,推动社会力量积极参与现场救援、专业保障、款物捐赠、物资发放、医疗救护、心理援助、灾后恢复重建、技术服务、安全培训、科技支撑等工作。搭建社会应急力量综合信息服务平台,统一社会应急力量队伍标识,推动社会应急力量分类分级管理,并加强行业指导和监督管理。推进应急志愿服务供需对接,充分发挥应急志愿服务组织作用。

36. **完善市场参与机制**。加强企业安全生产信用体系建设,完善企业安全生产承诺、不良信用记录、诚信"黑名单"等制度,对诚实守信企业开辟"绿色通道";对失信企业实施重点监管监察,推动信用信息互联互通和综合应用。在高危行业领域强制推行安全生产责任保险,督促保险公司为投保的生产经营单位提供事故预防服务。探索建立多渠道多层次的巨灾风险分担机制,扩大巨灾保险试点,结合地方特点完善巨灾保险方案和产品。探索推行灾害民生综合保险,完善农村住房保险,试点推进应急费用补偿保险。

37. **培育发展应急服务体系**。发展安全生产技术服务、自然灾害技术服务和社会化应急救援,并纳入政府购买服务目录。安全生产技术服务包括风险评估、隐患排查、检验检测认证、安保技术、安全教育培训、消防技术服务等;自然灾害技术服务包括自然灾害防治技术、应急测绘技术服务等;社会化应急救援包括航空救援、道路救援、水上救援、应急物流、应急演练服务等。支持与生产生活密切相关的应急服务机构发展,引导社会力量以多种形式提供应急服务,促进应急服务专业化、市场化、规模化。加强监督检查,规范从业行为,促进公平竞争。

38. **强化舆论引导**。制定突发事件舆情应对预案,健全应急、宣传、网信、公安等相关部门联动机制,协同开展舆情引导工作,及时回应社会关切。推动省、市、县三级应急管理机构融媒体软硬件建设。利用大数据加强舆情监测预警和深度研判。完善突发事件新闻发布机制和快速反应机制,完善应急新闻发言人制度,加强新闻发言人媒体应对能力培训,牢牢把握突发事件舆论引导的主动权和主导权。加强与主流媒体的沟通与合作,强化信息发布的专业性和权威性,及时、主动、准确地向社会通报相关信息。

39. **加强国际国内交流合作**。积极学习借鉴国内外先进的安全生产、防灾减灾、应急救援理念和关键科技成果,加大与中部地区省份交流力度,建立灾情信息、救灾物资、应急装备、应急通信保障、救援力量、专家资源等方面的区域协同机制,推动安全生产和防灾减灾抗灾救灾领域的合作共享。

四、重点工程

(一)应急救援基地建设工程

国家华中区域应急救援中心。包括汉南主功能区和洪湖水上救援训练基地。其中汉南主功能区主要建设"一个机构、四个基地",重点打造集应急指挥协调、实训装备储备、航空保障投送、教学培训及基础训练等功能于一体的综合性功能区;洪湖水上救援训练基地主要建设装备器材库、业务综合楼、水位调节站以及水域救援综合训练场、演练指挥场等模拟实战训练场地。省级应急救援基地。建设鄂东南、鄂西北、鄂西南3个省级区域应急救援基地。其中鄂东南应急救援基地辐射黄石、鄂州、黄冈、咸宁等地区,重点担负森林火灾和洪涝灾害救援任务。鄂西南应急救援基地辐射宜昌、荆州、恩施等地区,重点担负矿山、危险化学品安全事故,洪涝灾害、地质灾害救援和全省航空应急救援指挥调度任务。鄂西北应急救援基地辐射十堰、襄阳、荆门、孝感、随州等地区,重点担负城市安全、地震地灾、雪灾和工程抢险救援以及全省水上航空应急救援任务。社会应急救援基地。依托中国安能建设集团第三工程局武汉分公司建强省自然灾害工程应急救援基地,依托中韩(武汉)石油化工有限公司建强国家和省危险化学品应急救援基地,依托中交第二航务工程局建强省水上救援训练基地,依托长江航道救助打捞局建强省水下救援基地,依托中铁十一局集团有限公司建强省隧道应急救援基地。

(二)应急救援航空体系建设工程

重点建设3张网。航空应急救援低空空域监视调度网。在全省布设ADS-B低空监视设备,实现航空应急救援全过程可控、可见、可评价。低空飞行空中通道网。协调军民航机构,划定航空应急救援低空"绿色通道",制定使用和管理办法,实现全省航空应急救援响应30分钟内起飞。航空应急救援地面保障网。在荆州、荆门、黄冈、咸宁、恩施、武当山等地建设4~8个航空保障基地。在远安、孝南、大悟、麻城、浠水、通山等地建设20个航空保障站,配套建设机库和小型应急物资仓库。在自然灾害频发区、森林火灾高风险地区、城市商圈、大型综合体、人口稠密区、交通要道沿线、学校、医院、重点企业、AAA以

《湖北省应急体系"十四五"规划》解读

上旅游景区以及区域应急救援中心（基地）、应急物资储备库等建设200个符合安全标准的直升机临时起降点，实现县（市、区）起降点全覆盖。加快推进鄂州花湖机场、武汉汉南机场、荆门漳河通航机场等国家航空应急救援试点建设。

（三）应急物资保障能力提升工程

华中区域应急物资供应链与集配中心。主要建设"三中心一平台"。建设华中区域应急物资储备中心，实现防汛抗旱、地震救援、地灾应急、消防救援、森林防灭火、安全生产应急救援、生活类救灾七大类应急物资的规模存储；建设高端应急救援装备集配中心，实现重要应急物资和高端应急装备的统一管理、统一调拨、统一配送，提高装备使用效率；建设应急物资供应链中心，运用大数据、区块链、物联网等技术，建立统一的应急物资数据库，实现应急物资"实物储备＋产能储备＋协议储备"产供销企业全覆盖全链路动态管理；建设捐赠物资管理平台，实现社会捐赠物资信息上链、流向监控，实现捐赠物资全生命周期透明化、可追溯，有效提升捐赠物资存储管理效能和服务水平。应急物资储备库（点）。在武汉、黄石、十堰、荆州、荆门、孝感、咸宁、随州、恩施等市（州）建设市级应急物资储备库，合理规划建设辅助用房和办公管理用房，并具备省级应急物资分储条件。各县（市、区）至少建设（设立）1个应急物资储备库（点）。有条件的、交通不便或灾害多发的乡镇（社区）设立应急物资储备点。

（四）应急管理信息化建设工程

建设应急管理基础设施场所、融合通信网络、多源数据治理、应用赋能支撑、业务信息系统、综合安全保障和智能运行维护系统等。其中,基础设施场所重点建成集值班值守、协同会商、指挥调度、信息发布、移动指挥等多功能应急指挥场所。融合通信网络重点建成由指挥信息网、卫星通信网、无线通信网、电子政务外网、互联网组成的覆盖全省的应急通信骨干网络。多源数据治理重点建设全方位获取、全网络汇聚、全维度整合的海量数据资源治理体系,满足精细治理、分类组织、精准服务、安全可控的数据资源管理要求。应用赋能支撑重点建设统一认证、工作流、自助报表、地理信息、三维建模、AI语音、智能视频、融合通信等模块化、组件化、智能化工具。业务信息系统重点建设政务服务、互联网监管、风险监测预警、应急指挥调度、智能辅助决策等应急管理核心业务系统。综合安全保障和智能运行维护重点建设一体化网络安全体系和新一代智能运维体系,实现安全和运维工作的闭环管理。

(五)专业应急救援队伍建设工程

危险化学品事故救援队伍。依托大型化工园区和化工企业,布局建设 5 支省级危险化学品应急救援队伍,每支队伍不少于 50 人。全省规模以上大、中型且涉及一、二级重大危险源的危险化学品企业基本建成符合标准要求的专职应急救援队伍。立足化工园区,探索建立"政府主导、一企建队、多企协办、以需养队、资源共享"的区域性危险化学品应急救援队伍。矿山应急救援队伍。重点扶持指导襄阳救护大队、恩施州矿山救援中队、荆门市矿山救护队、湖北松宜救护队、远安迅达矿山救护中队、武钢资源集团矿山救护中队、大冶有色矿山救援队、鄂东南区域矿山救护队等专业矿山救援队伍建设。防汛抗旱救援队伍。在武汉、宜昌、荆州、黄冈等地依托社会力量建设 4 支省级防汛抗旱应急救援队伍,扶持条件较好、任务较重的市州

《湖北省应急体系"十四五"规划》解读

建设10支抗旱服务队,优先适配先进防汛抗旱技术装备。地质灾害救援队伍。依托省地质局地质环境总站和水文、工程地质大队,组建省级地质灾害应急救援队;依托武汉、黄石、襄阳、宜昌、荆州、鄂州、孝感、黄冈、咸宁、恩施10个地质环境监测保护站(地质大队),组建10个市级地质灾害应急救援队,形成1000人左右的总规模。森林消防队伍。支持森林消防局机动支队四大队开展扑火装备现代化建设和基础设施建设。有序推进地方专业防扑火队伍建设,力争通过五年努力,实现火灾高风险县级行政单位专业队伍全覆盖。航空应急救援队伍。建设一支常态化备勤、市场化运营、机型齐全、管理规范的省级航空应急救援机队,建设一批应对自然灾害和安全生产事故的专业航空应急救援队伍,优化队伍数量、类型、功能及布局,预置一批与应急救援需要相适应的中小型直升机和无人航空器,加强航空专业救援装备配备,强化救援机组重点时段备勤管理。

(六)自然灾害防治能力建设工程

自然灾害风险普查工程。编制全省自然灾害风险普查方案,建立健全省、市、县三级自然灾害风险普查领导协调机制,组织做好普查工作。基于应急管理"一张图",全面调查地震灾害、地质灾害、气象灾害、水旱灾害、森林火灾等风险要素,重点开展自然灾害致灾调查与评估,人口、房屋、基础设施、公共服务系统、三次产业、资源和环境等承灾体调查与评估,历史灾害调查与评估,综合减灾资源(能力)调查与评估,重点隐患调查与评估,主要灾害风险评估与区划以及灾害综合风险评估与区划等。查明区域抗灾能力,建立分类型、分区域的全省自然灾害综合风险与减灾能力数据库并定期更新。编制自然灾害系列综合风险图和综合减灾能力图。修订主要灾种区划,编制省、市、县三级地质灾害风险区划图和防治区划图,编制精细化全省水旱灾害风险区划图,编制不同尺度的气象灾害危险性分布和风险评估分布图。强化普查结果的应用,按照"边普查、边应用、边见效"的原则,尽快推动普查数据应用于防灾减灾救灾和应急管理实践。

自然灾害综合治理工程。地震地质灾害综合治理。开展地震易发区房屋加固工程,优先加固抗震能力严重不足的房屋设施;整合利用卫星遥感数据,加强地质灾害高发区域监测站点建设,在重点区域推进基于北斗及地基增强系统高精度定位技术,开展人口密集区和老旧房屋等承灾体的大范围高密度实时位移监测,实现建筑物倒塌的灾情快速获取和救援目标的有效识别;以抗滑桩、排水、挡土墙、削坡整形、格构护坡、防护网等治理措施为主要内容,重点推进十堰、襄阳、宜昌、荆门、鄂州、孝感、黄冈、咸宁、随州、恩施、神农架林区等境内地质灾害治理项目实施。防汛抗旱能力建设。推进长江汉江河道治理、完善长江汉江堤防防洪保护圈、推进重要支流和中小河流治理、加强山洪灾害防治,加强重点湖区、重点城市防洪排涝能力建设,实施病险水库水闸除险加固,推进蓄滞洪区建设、优化蓄滞洪区布局,推进大型灌渠续建配套和扩建工程,全面提高"防大汛、抗大旱"能力。森林防灭火能力建设。支持孝感、黄冈、神农架林区、丹江口库区等森林火灾高风险地区全面提升森林防灭火能力,分批分期开展涵盖专业森林消防队伍、森林航空消防、森林火灾应急物资储备、森林防灭火通信指挥系统、森林火灾预警监测系统等建设内容的扑救体系建设,以及涵盖森林火灾风险防范工程、防火应急道路和防火阻隔系统等建设内容的预防体系建设。

（七）应急科普教育基地建设工程

充分利用青少年宫、妇女儿童活动中心、城乡社区活动中心等场地设施，采取"行业＋属地""新建＋扩建""整合＋提升"等方式，全方位、多层次推进应急科普教育（体验）基地（场馆）建设。分级分类制定应急科普教育（体验）基地（场馆）建设标准，开展应急科普教育（体验）基地（场馆）分级分类认定工作。在武汉、襄阳、宜昌、荆州、黄冈和有条件的市（州）分别建设一处大型综合性应急科普教育（体验）基地（场馆），其他市（州）建设一处涉及3～5种灾害事故类型的应急科普教育（体验）基地（场馆）。加快建设湖北浠水应急管理教育实践综合体和湖北黄冈应急管理职业技术学院应急救援产教融合实训中心。采取政府引导、社会投资等方式，建设集灾害体验、实景演练、培训教育、装备检测、灾后康复于一体的灾害体验城。

（八）"工业互联网＋安全生产"建设工程

推动实施《"工业互联网＋安全生产"行动计划（2021—2023年）》，构建基于工业互联网的安全感知、监测、预警、处置及评估体系，提升工业企业安全生产数字化、网络化、智能化水平，培育"工业互联网＋安全生产"协同创新模式，扩大工业互联网应用，提升安全生产水平。重点建设5种新型能力：一是实时监测能力。推动设备、系统上云上平台，实现企业安全生产全方位实时监测。二是快速感知能力。应用智能传感、测量仪器、边缘计算等技术，实现全要素的信息采集。三是系统评估能力。开发基于工业互联网的评估模型和工具集，实现对安全生产的系统评估。四是超前预警能力。建设风险、失效特征库，应用大数据分析实现精准预判、智能超前预警。五是联动处置能力。建设和运用应急演练、处置预案库,提升应用处置的科学性、精准性和快速响应能力。

(九)应急装备现代化提升工程

装备达标示范建设。针对不同灾种、救援队伍规模、灾害事故救援特点,研究制定各级各类应急救援队伍装备配备基本标准。开展应急救援装备三年达标建设,有效提升应急救援队伍装备建设水平。落实《安全应急装备应用试点示范工程管理办法(试行)》,围绕保障突发事件预防与应急处置需求,探索"产品+服务+保险""产品+服务+融资租赁"等应用新模式,加快先进、适用、可靠的安全应急装备工程化应用。通信保障装备建设。按照"实战导向、分级建设、统一指挥"的原则,建设应急通信保障服务体系,配备信息采集类装备、信息传输类装备、现场指挥类装备、配套保障类装备,推动全省各级灾害事故现场应急通信保障能力建设。建成移动为主、固定为辅的应急指挥窄带无线通信网,打通现场与各级指挥部门语音通信链路。加强无线电频率管理,满足应急状态下海量数据、高宽带视频传输和无线应急通信等业务需要。关键设备推广应用工程。加强人员搜索与物体定位产品、溢油和危险化学品事故救援产品、矿难事故救援产品、特种设备应急产品、电力应急保障产品、高机动全地形应急救援装备、大流量排涝装备、多功能应急电源产品、便携机动救援装备、密闭空间排烟装备、生命探测装备、事故灾难医学救护关键装备、应急示位标、救生衣(艇、筏)以及智能无人应急救援装备的推广、配备及使用。支持基层各类专业救援队伍和应急机构配备小型便携应急通信终端、应急通信包和应急管理智慧终端。

(十)城乡综合风险监测预警中心建设工程

采用政府引导、市场化运营的方式,结合各地智慧城市建设和运营实际,建设集综合风险监测预警、风险感知网络建设、科技研发创新、科研成果转化、应急细分领域产业孵化等功能为一体的综合风险监测预警中心。重点对城乡综合风险进行全面辨识评估,采集联网安全生产、自然灾害、城乡生命线等安全风险实时监测数据,应用大数据、云计算、物联网等新兴信息技术,打造城乡综合风险监测预警、云计算和人工智能等平台,为城乡安全风险的精准辨识、异常情况的及时预警、处置过程的全程监控和灾后情况的全面评估提供技术支撑。

五、保障措施

(一)加强组织领导

各地各部门要根据本《规划》要求,结合实际制定实施方案,细化工作分工,落实责任主体,加强《规划》实施与年度计划的衔接,明确《规划》各项任务的推进计划、时间节点和阶段目标,确保《规划》各项目标如期实现。省级相关专项规划、各地应急体系规划要与本《规划》目标、主要任务、重点工程充分衔接。加强《规划》宣传,推进信息公开,增强公众对《规划》的认知和了解,动员和引导全社会力量共同推进《规划》落实。

(二)加强经费保障

根据《规划》确定的目标任务,按照事权与支出责任相适应的原则,完善财政、金融、投资、产业、土地、环保等相关配套政策。健全重大工程项目空间保障机制。各级政府要把重大工程项目纳入国土空间规划项目库,要把应急管理体系和能力建设资金纳入同级财政预算统筹安排,保障主要任务、重点工程落地实施。

(三)加强考核评估

建立健全《规划》实施评估制度,将《规划》任务落实情况纳入安全生产和消防工作年度考核,作为对全省各地、各部门工作督查和考核评价的重要内容。省应急管理厅组织开展《规划》实施年度监测分析、中期评估和总结评估,分析实施进展情况及存在问题,并提出改进措施,及时公布进展评估报告。

附 件

名词解释

1. 防汛抗旱"四双"指挥体系:党政主要领导同时担任防汛抗旱指挥部指挥长;分管应急管理和分管水利工作的政府副职担任副指挥长。应急管理、水利部门主要领导担任防汛抗旱指挥部办公室主任;应急管理、水利部门分管领导担任常务副主任。

2. "三委三部":湖北省突发事件应急管理委员会、湖北省安全生产委员会、湖北省减灾委员会、湖北省防汛抗旱指挥部、湖北省抗震救灾指挥部、湖北省森林防灭火指挥部。

3. 三类"停不得"企业:疫情防控必需、公共事业运行必需、群众生活必需的企业。

4. 四类重点场所:医疗救治机构、集中隔离点、方舱医院、援鄂医疗队驻地等场所。

5. "237"重大项目:国家华中区域应急救援中心和华中区域应急物资供应链与集配中心2个中心、3个省级区域性应急救援基地、7个市级应急物资储备库。

6. 省疫后重振补短板强功能"十大工程":公共卫生体系补短板工程、交通补短板工程、水利补短板工程、能源提升工程、新基建工程、冷链物流和应急储备设施补短板工程、城市补短板工程、产业园区提升工程、新一轮高标准农田建设、生态环境补短板工程。

7. "两客一危":从事旅游的包车、三类以上班线客车和运输危险化学品、烟花爆竹、民用爆炸物品的道路专用车辆。

8. "两个维护":坚决维护习近平总书记党中央的核心、全党的核心地位,坚决维护党中央权威和集中统一领导。

9. "两个大局":世界百年未有之大变局和中华民族伟大复兴战略全局。

10. "两个根本":从根本上消除事故隐患,从根本上解决问题。

11. "两个至上":人民至上、生命至上。

12. "平急结合":平时服务、灾时应急。

13. "一主引领、两翼驱动、全域协同":湖北省区域发展布局,详见湖北省委印发的《关于推进"一主引领、两翼驱动、全域协同"区域发展布局的实施意见》。

14. "三管三必须":管行业必须管安全、管业务必须管安全、管生产经营必须管安全。

15. "四不放过":事故原因未查清不放过、责任人员未处理不放过、整改措施未落实不放过、有关人员未受到教育不放过。

16. "双随机、一公开":随机抽取检查对象、随机选派执法检查人员,抽查情况及查处结果及时向社会公开。

17. 行政执法"三项制度":行政执法公示制度、执法全过程记录制度、重大执法决定法制审核制度。

18. "三项岗位"人员:生产经营单位的主要负责人、安全生产管理人员、特种作业人员。

19. "三同时":建设项目安全设施必须与主体工程同时设计、同时施工、同时投入生产和使用。

20. "禁限控":禁止、限制和控制。

21. "五化"矿山:矿山建设规模化、标准化、机械化、信息化和科学化。

22."八大工程":灾害风险调查和重点隐患排查工程、重点生态功能区生态修复工程、地震易发区房屋设施加固工程、防汛抗旱水利提升工程、地质灾害综合治理和避险移民搬迁工程、应急救援中心建设工程、自然灾害监测预警信息化工程、自然灾害防治技术装备现代化工程。

23."院前急救":急危重病人进入医院前的急救护理。

24."135快速救援圈":1分钟接警、3分钟出动、5分钟启动处置。

25."第一响应人":突发灾害事件后,第一时间在现场,具有快速组织、指挥协调、专业处置能力,能够指挥现场民众徒手或利用简单工具开展抢险救灾的人员。

26."五保户":保吃、保穿、保医、保住、保葬(孤儿为保教)。

27. 农村安全宣传"四有":有组织体系、有展示窗口、有便民册子、有广播设施。

28."一个机构、四个基地":区域应急指挥部和综合救援基地、物资储备基地、培训演练基地、航空保障基地。